プロの探偵が明かした!

浮気男とストーカーをギャフンといわせる方法

赤井探偵事務所
代表 継野勇一
Yuichi Tsugino

出版文化社

はじめに

「いいか、三日以内にオレのところへ戻ってこい。もし断るならオマエの家族と親戚、全員バラしてやるからな！」

そんなドスの利いた低い声が、依頼者の携帯電話へ接続したレコーダーに録音されました。

「家庭では妻子に優しく、多忙きわまるビジネスマン。しかし調べてみたら、営業をサボって昼間から三人の愛人宅を行き来する浮気大王。しかも数百万円の借金まみれで仕事もクビ寸前」

そんな驚くべき裏切り者の夫がいました。

まさしく現実の探偵業は、探偵小説よりも奇なり。当事者からの掲載許可が得られなかったため本書に載せていない事例も含めると、それはもうすごい数の人間ドラマが日々繰り広げられています。本書にある浮気・ストーカー事例はプライバシー保護のため大幅に変更されていますが、これはあなたの身近で現実に起こっている「事実」だと思ってください。

冒頭に出てきた物騒なストーカーとまではいかなくても、浮気やストーカーに悩む依頼者からの相談はひっきりなしにやってきます。ある依頼者は永遠に一緒だと信じていたパートナーから裏切られ、またある依頼者は知らない間にストーカーからつけ狙われ、悩んだ末に探偵社のドアをノックします。探偵を何年やっていても、疲れ果てた依頼者の表情を見て心が痛むのは、私が弱い人間だからでしょうか？　とにかく、悩んでいる人のために役立てる知識を。そんな思いから筆を執りました。

そして、もうひとつ本書に盛り込みたかったのは、悪徳探偵社にだまされないための自己防衛知識。同じ探偵として恥ずかしい限りですが、読者の皆さまもご存じのとおり、困っている依頼者の弱みや知識不足につけ込んで多額の料金をだまし取る悪徳探偵社の被害が問題視されています。ただでさえ浮気やストーカー被害で弱っているところへ、頼りにしていた探偵社にまで裏切られたら依頼者としてもやりきれません。それに、多くの良心的な探偵たちが苦労して築いた信頼を、ごく少数の悪徳探偵社によって壊されてしまうのは何度経験しても腹立たしいものです。そのため、本書には独立した章として、当社が悪徳探偵被害を防ぐ目的で運営するＷｅｂサイト『探偵社の選び方マニュアル』のコンテンツを元にした「探偵社の上手な利用方法」も用意しています。

一章には浮気と慰謝料、二章にはストーカー対策、三章には急増するネットストーカー対策、そして四章には探偵社の上手な利用法というのが本書の構成。あとは、これらのノウハウを利用する読者の皆さん次第です。

探偵をやっていて嬉しいのは、やはり悩みが解決して喜ぶ依頼者様の笑顔を見たときです。あなたの笑顔を取り戻すために本書が少しでも役立てることを願います。

（注1）調査依頼の実例については、該当するご依頼者様の了解を得た後、プライバシー保護のため事実関係を大幅に変えて掲載しています。

（注2）本書に登場した知識や情報は、自己防衛のためだけにお使いください。それ以外の用途に使われた場合の被害について、執筆者および出版社は責任を負いません。

はじめに

第一章　浮気調査と慰謝料のカシコイとり方

第二章　恐怖のストーカー　その調査と対策

第三章　情報社会が生み出したネットストーカー

●装丁／関原直子　●イラスト／藤田博子

第一章
浮気調査と慰謝料のカシコイとり方

1. 裏の顔をあばく、浮気調査　事例編

ケーススタディ1

離婚・浮気・借金　穏やかな表情に隠された懲りない性格

最初は優しさにほだされて

依頼者は三十代半ばの女性。知り合ってからわずか二、三ヶ月という短い期間で、ある男性とゴールインした。

「理由？　そうですね。最初の頃は優しくて、純朴で、笑顔が可愛くて。何と言っても車がカッコよくて」

出会いのきっかけは、ちょっとした好奇心から参加した単身者向けのパーティー。男は自慢の車で彼女を誘いだし、デートを重ね、プロポーズしたらしい。

離婚歴があることを男は隠さなかった。まあ、黙っていたところですぐにバレるのは目に見

えているのだが、彼女はそんな過去も素直に話してくれる男に好意を抱いたそうだ。

結婚後は賃貸のマンションで暮らしはじめた。警備会社に勤めていた男は二十四時間働いて、次の日が一日休みになるというローテーションを繰り返していた。そして、週に一度連休がある。つまり、一週間に三日働いて残りの四日は休日になるわけだ。

「眠いはずなのに、休みの日は必ず、私をどこかに連れてってくれました。本当に優しくて、私のことを大切にしてくれたんです。新婚当時は……」

しかし、二年も経つと態度が怪しくなりはじめたのだった。

おかしい？　過剰勤務のはずなのに

三日勤務が四日になり、とうとう一日しか自宅にいない週も出てきた。身体を心配して訊ねてみても「今忙しいんだ。俺って会社に頼られてるから」といつもの笑顔で答える。けれど、それにしては顔色もよく、食欲もあり、とても仮眠だけで身体を休めているようには見えない。

これは何かあるとにらんだ依頼者。久しぶりに帰ってきた男が寝ている間に携帯電話のメールを確認した。そこには明らかに浮気相手からだと分かる文面が残されていた。

【昨日はすごかったね。また、あんなコトしたいな】

【私のとこばかり来ていいの？　何だか奥さんに悪いネ】

【誕生日は一緒にいてくれるんでしょ？　もちろん、朝まで】

「ちょっと、これ、何？　誰からのメールよ！」

激怒した依頼者は追及する。

「え？　いや、スナックの女の子だよ。しつこくってさ」

「仕事だって言いながらそんなところに通ってたの？」

「い、いや、仕事の合間にさ。ほら、俺って信頼あるだろ。少しくらい抜け出して飲んでも大丈夫なんだよ」

「昨日のすごいことって何？　誕生日は朝までいてくれるってどういうこと？」

「すごいって……、すごいのは俺のカラオケだよ。ノッちゃってさ、四時間も歌いっぱなし。朝は、朝まで店にいてほしいって意味だよ。俺だけじゃないぜ。その子、ほら、同僚の……」

子供でもウソだと分かる言い訳をする。しかも笑みを浮かべてのらりくらりと。もはや疑う余地のなくなった依頼者は、今まで知らなかった男の過去を探り始めたのだった。

子供がいた！　しかも養育費滞納

性格の不一致で別れたと言っていたが、前妻に会って確かめてみると男の浮気が原因だと分かった。そして、彼女は依頼者にこうも言った。

「子供がいるんです。ご存じでしたか?」

「え!　いえ……」

「そうですか。私が引き取りましたから籍は残ってませんけど。けど、離婚の条件に養育費を払うっていう取り決めがあるんです」

「そう、ですか……」

「払っていただけないでしょうか?」

「え?」

「ここ一年半ほど滞ってるんです。払ってくれるように言ってもらえないでしょうか」

重労働だからそこそこの給料はもらっている。本来なら前妻への養育費くらい払えるはずだ。けれど、男は金が余ると車の改造に使ってしまう。生活にこそ困らないが、贅沢はできない額しか依頼者は受け取っていない。

前妻を不憫《ふびん》に思う。それ以前に、子供がいることを隠していた、そして離婚理由も誤魔化していた男に依頼者はとうとう愛想が尽きた。

「この人とは別れよう」

もう一緒に暮らせない。これ以上だまされるのはゴメンだ。その前に今までの償《つぐな》いとして慰謝料を請求しよう。

そう決めた依頼者は浮気証拠取得の調査を我々探偵に申し出たのだった。

こんな男がなぜもてる？

最初、男を見たときは、お世辞にも女性にもてる風貌とは思わなかった。小太りで背も低く、額も広くなってきている。しかし、その表情は福々しく、女性に安心感を与えるタイプなのかもしれないと思った。

追跡調査をはじめると、男のいい加減な態度に呆れることもしばしばだった。

仕事に出かけると言って家を出ればそのまま女を迎えに行き、ラブホテルに直行。しかも、自分が住むマンションとは目と鼻の先だ。陽の高いうちから散々楽しんだあとは女の家に転がり込む。改造を重ねた車だから非常に目立つし、依頼者が散歩ついでに見つけだすことも容易だと思う。

「まったく、能天気な男だ。一度失敗してるんだから少しは警戒すればいいのに」

探偵は妙な心配をしつつ、浮気の証拠を十分以上に取りそろえた。

「そうです。あの男はそういう人なんです」

調査報告のため待ち合わせた喫茶店。提示された写真を見て依頼者は言う。

「子供がそのまま大人になったというか。けれど、欲望まで子供のままじゃ、こっちはたまったもんじゃないです」

依頼者はその夜、男を電話で呼び出した。男は何食わぬ顔で戻ってくる。

「あなた、今日、お仕事じゃなかったの？」

「え？　ああ、けど、急用だろ」

「まあね」

依頼者は平然とした顔付きで我々が用意した写真を見せたらしい。

驚愕《きょうがく》した男はあっさりと浮気を認め、土下座して謝った。カエルのように床に伏せる男を見て、依頼者は少し哀れに思ったらしい。その日は離婚のことを告げずに別々の部屋で寝た。

しかし、男は翌朝、とんでもないことを口走った。

「俺は浮気なんかしていない！　あんな写真は合成だ！　ア、アリバイもあるぞ。何なら、この女を見つけだして聞いてみろ！」

その言葉を依頼者から聞いて、探偵たちも呆れ返ってしまった。

「浮気相手にアリバイを証明させようだなんて……」

「もういいんです。離婚します。でも、ここまでひどい目に遭わされたんですから、慰謝料を……。一体どれくらいとれるのかしら」

依頼者は男の財産や債務調査も追加した。

借金六百万円　しかもそれ以上に……

マンションは賃貸だし、男名義の貯金も知れているだろう。唯一の財産といえば派手にドレスアップした車くらいのものか。

「それでも給料を差し押さえれば」

探偵はそう考え調査を開始した。すると、思わぬことが発覚したのである。

男は週に三日の仕事もほとんど出かけず、女の部屋に入り浸っていたようだ。遅刻や無断欠勤が多く、会社からは明日にでも解雇を受けそうな状態。しかし、依頼者に渡す生活費、浮気相手に奢る食事代やプレゼント代、ホテル代、そして車の改造費。それらをまかなうために消費者金融から借り入れた総額は何と六百万円。しかも、大手からは件数が多くて融資を受けることができず、闇金まがいの業者にまで手を出している。

探偵は事実を全て報告し、調停に持ち込んでも支払い能力がない、それどころかマイナス状態であるということで慰謝料は難しいのではないかと説明した。

「そんな……」

依頼者は絶句する。

「で、でも、浮気が原因なら相手の女から」

「たしかにそれは可能です。しかし、浮気相手も能力が失われている可能性があります」

「それも調べてください」

探偵は追加依頼を受け、愛人の債務調査をおこなった。やはり女も多額の借金を抱えている。

調査結果を聞いた依頼者はがっくり肩を落とし、言葉を発することができなかった。

反省しない男とだまされる女

その後、依頼者は協議離婚をした。調停だと手間と費用がかさむから仕方がない。それでも、傷が浅いうちに清算できてスッキリしたと依頼者は言った。その言葉に我々は少し救われた気持ちになった。

しかし、懲りない男は、また新しい女と付き合いはじめたらしい。浮気相手とも違うまったく別の女性と。

あの人畜無害な表情がいいのか、大金をつぎ込んだ車がいいのか、それとも我々には分からない魅力があるのか。首を捻るところだが、多少羨ましくもある。

新しい彼女と結婚を前提としているのかは不明。だが、我々としてはこれ以上、あの男にだまされて傷つく女性が出ないことを祈るしかない。

今回の件に関してコメントがあるとすれば、たった一言だ。

「世の中には絶対に反省しない、どうしようもない男が存在する」

いい出会いを探すというのは、本当に難しいことだと思う。焦らないこと、相手の過去を十分に調べること、うわべの優しさには惑わされないこと。これから誰かと出会う可能性のある女性には、くれぐれも注意していただきたい。

Column

「浮気検査薬」をご存じですか?

ご存じの人は少ないかもしれませんが、世の中には「浮気検査薬」という製品が売られています。これは簡単にいえば「男性の精液にだけ反応する特殊な薬剤」のこと。日本国内と海外に何種類かバリエーションがあり、粉末状・液状・スプレー式など販売されるときの形態もさまざまです。値段も日本円にして数千円から数万円まで、製品によって異なります。

これを購入して使う場合、まず調べたい相手（夫や彼氏）の下着を手に入れます。分かりやすくいえば「洗濯前のパンツ」ですね。これに薬剤を振りかけ、色が変われば精液成分があると判断できます。この薬剤はごく微量の精液成分にも反応しますが、逆にいえばそこが欠点でもあります。たとえ夫婦の間に性交渉がなくても、男性の下着に微量の精液成分が付着する理由は浮気以外にいくつか考えられるからです。もちろん、この薬剤を使って反応が出ただけでは離婚裁判でも証拠とは認められません。

むしろ、この「浮気検査薬」が高い威力を発揮するのは、夫が妻の浮気を確認するときではないでしょうか。セックスレス夫婦の場合、妻の下着から精液成分が検出されるという状況は、ほぼ1つに特定できますから。

夫に隠れて、絶対バレないように別の男性と浮気をしていた。でも、いつの間にか完全にバレていた。そんな経験がある女性読者の方は、ひょっとすると知らない間に浮気検査薬を使われていたのかもしれませんね。

ケーススタディ2

二重生活　妊娠を告げた途端に逃げた男

出会い系サイトで知り合った年下の男

依頼者は三十二歳、離婚歴がある。長く伸ばした髪を茶色に染め、しっかりと化粧もしている。

「きっかけは出会い系サイト。危ない噂は耳にしていたけれど、メールの交換だけなら大丈夫かなぁて思って」

何度か連絡を交わしているうちに、ある男の言葉に惹かれはじめる。

「大きなこと、将来の夢とか、そういうことを堂々とメールに書いて送って来るんです。アタシの周りにはそういう感じの人っていなくって。何だかいいかなぁって」

乱暴な言動の夫と性格がまったく合わず、結婚四年で子供もないまま離婚。その三ヶ月後に二十六歳の男と出会い、一ヶ月後には、より親密な関係を持つようになる。

男の仕事は空調設備業。買い換えたばかりのエアコンの取り付けを頼んでからは依頼者の部屋を頻繁に訪れるようになった。そのうちほとんど同棲状態となる。

前の夫は、常に自分の気に入るような振る舞いを求めた。だから勝ち気な依頼者とは何かとケンカが絶えなかった。対照的に、今の男は、よく彼女の言うことも聞き、夕飯の買い物にも付いて来てくれる。一緒に料理もした。

「若いけど妙に家庭的なの。冗談で『結婚したことあるの？』って聞いたら、ちょっとだけ同棲していた時期があっただけ、なんて答えて」

一度、家に遊びに行きたいと言うと、男ばかり入っている寮に住んでいるからという返事だった。依頼者は別段、不審にも思わず、週に三日くらい男が部屋を訪れる生活が続いたのだった。

微かな希望から絶望へ

そんな関係が数ヶ月続いた頃。依頼者は妊娠した。

告白を受けた男の反応は素っ気なかった。「へー、そうなんだ」と言ったきり、いつもの明るい表情を浮かべた。否定もされなかったが喜んでもくれない。微かな不安を覚えはしたが、産むなという否定的な反応でもなかったので希望は持てた。

「けど、まったく連絡がつかないんです」

その週末。

【ゴメン、ちょっと仕事が忙しくて今週は行けそうにない】

そんなメールが依頼者の元に届けられた。そして、次の日も週末も、忙しいというメールだけで顔を見せない。

やがて、携帯電話がまったくつながらなくなり、公衆電話や非通知でかけても、友人の電話を借りても着信拒否。もちろんメールも届かない。

男のことを信頼していたが、妊娠を告げた途端に一度も会えなくなるというのは明らかにおかしい。

思い悩んだあげ句、我々探偵のところへ最初の相談をしに来たのは、妊娠を告白し、会えなくなって一ヶ月が過ぎてからだった。

全部でたらめ。しかも既婚者

「まだ彼を信じたい気持ちがある。お腹の子供のためにも話し合いする場が欲しい」

依頼者はそう希望した。ただ、彼女が知りうる男の情報は携帯番号と名前だけだという。住所も勤務先も分からない。

さらに我々は丁寧に、こと細かに話を聞く。

「そういえば……」

ポツリポツリと断片的なことを思い出し、話す。探偵から見れば重要な情報でも依頼者がそれほどとは思っていない場合が多いため、こういったケースでは小さな情報でも漏らさずよく聞くことが大切だ。

依頼内容は行方調査と素性調査。探偵はさっそく調査を開始した。

少ない情報を頼りに我々は男の情報をかき集めた。

真っ先に判明したのは、男が依頼者に告げていた名前は偽名で、携帯電話も別人名義だったという事実。残る手がかりは依頼者と写した写真数枚と身体的な特徴など。まるで雲をつかむような話だが、我々もそれが仕事。あまり詳しくは述べられないが、紆余曲折、苦労の末、男の所在と素性を調べ上げた。

「対象者の素性が判明しました」

調べ上げた名前と住所を述べる。

「ウソ、そんな苗字じゃありません！」

依頼者は驚きを露《あら》わに言う。

「この顔に見覚えはありますか」

確認用に撮影しておいた写真を提示する。そこには男が自宅から出てくる瞬間が写し出されている。

「あ！」

依頼者はそのまま絶句した。

男の住居は会社の寮などではなく、中流クラスのマンションだった。しかも、現場で確認したところ、表札には氏名の他、同じ苗字の女性、そして子供と思われる名前も書かれていた。ご丁寧にも買い物用の自転車と、小さなピンク色の三輪車まで部屋の前に置いてある。

さすがに、ここに至って依頼者の顔色は困惑と怒気の色が濃くなった。

「まさか奥さんと子供までいたなんて……」

まだ調査は仕上げ（戸籍上も妻子がいるかの裏取り段階）まで進行していない。だが、依頼者を行動に移させるには十分な結果報告だったようだ。

証拠を突きつけられた男の妻は

慰謝料うんぬんより、男に思い知らせてやりたい。けれど感情的になりそうで怖い。そう依頼者は話す。

「できれば一緒に来ていただきたいんですけど」

そんな依頼者の意向を受け、例外的ながら、我々探偵は彼女に付いて男が仕事の時間帯にマンションを訪ねた。

事情の説明を受けた男の本妻はまさに寝耳に水。最初こそまったく信じていなかったが、依頼者と一緒に撮った写真やプリクラを見せられて、さすがに夫の不貞を信じざるを得ない。

「現場が忙しいから泊まってくる日が多いと言っていたのに……」

こちらも依頼者に負けず困惑の様子。どうやら男は妻に仕事が忙しいと告げ、依頼者の部屋で半同棲するという、典型的な二重生活を楽しんでいたようだ。

「たまの休日には、家事も手伝ってくれて、子供ともよく遊んでくれました。本当に優しい人なんです」

普通の浮気案件では、このように「相手」と「妻」が同じ場所で会うことは極めて珍しいケースだ。しかも浮気相手から本妻に会いに行くというのはおそらくコンマ一％未満。そして二人とも男に対する怒りの気分に満ちている。

そんなこととはつゆ知らず、男はいつもどおりの時刻に、いつもどおりの車に乗って「愛する家族」の待つ家に戻ってきた。

台所で椅子に座り、男は一息つく。奥さんは平静を装い向かいに座る。

「あなた、今日ウチに珍しいお客さんが来てたわよ。もちろんアナタも知ってる人。しかも女性」

「女？」

「そう、驚いたことにあなたの赤ちゃんがお腹にいるらしいの」

男は顔面蒼白になる。

「な、な、何を……、バカなこと。女？　赤ん坊？　お前、気は確かか」

「確かです」

「そ、そそ、そんな話、まともに受けて。バ、バカかお前」

最後までどこかで夫を信じようとしていた奥さん。しかし、男の表情と慌てぶりがすべてを物語っていた。

「バカはどっちなの？」

「え、ええ……、何だよ、証拠は……」

「証拠？　証拠を見せれば白状するの？」

「ああ、あ、あるのか？」

「あるも何もないわよ！　何が仕事よ、忙しいよ！　私の目を盗んでこそこそと！　あなたって最低！」

あまりの怒りように男は椅子から転げ落ちそうになる。

「ななな、なななな。だ、誰が最低……！　しょ、証拠を見せろよ。俺が納得するような証拠を見せてみろ！　その、妊娠した女とやらをここに連れてこい！」

もうこれだけでも、男の二重生活を証明するには十分だった。

男はまさか、本人がこの場所を特定し、訪れるなんて夢にも思っていなかったのだろう。そして、今この場にいることなど。

「証拠は私よ」

奥で待機していた依頼者が登場。

男は目の玉がこぼれ落ちんばかりに眼《まなこ》を見開き、まともに言葉を出せずにいる。誰よりも夫を信じた妻と、捨てられたと感じながらも健気《けなげ》に信じ続けた依頼者。もはや誰も男の話を信じない。物証もイヤというほどある。

ただひたすら謝る男と、一方的に責め立てる女性二人。目を覆いたくなるような光景が三時間以上も続いたのだった。

慰謝料よりも厳しい罰

こうなれば離婚は確定かと思われた。しかし、現実は違った。

妻の父親は男が働いている会社の創業者でもあった。ほぼ婿養子に近い形で結婚しており、就職の世話はもちろん、マンションの頭金やローンも妻の実家から大半が出されていたのだ。

結果、まず男は依頼者からたっぷりと慰謝料を請求された。妻からではなく浮気相手から慰謝料請求するのは珍しいが、これは、結婚を前提とした交際であり、相手側が既婚の事実を知らなかったなどの場合に請求が認められる可能性があるためだ。

一方、激怒した妻から離婚を言い渡されたかといえば、そうではなかった。

「いっそのこと離婚して、会社も辞めさせられた方がいい」と男は言ったらしいが、妻とその両親が首を縦に振らなかった。

どんなにひどい男でも子供にとっては唯一の父親である。このまま少なくとも子供が大きくなるまでは、夫婦でいることになった。

しかし、離婚もされず、会社もクビにならなかったという事実は、この男にとって救いでも何でもなかった。

噂はどんなに隠していても、すぐに親戚や職場に広がってしまう。周囲からの冷たい視線に耐えながら、これから生きていかなければならない。それは男にとって、離婚されるよりもクビになるよりも遥かに辛い「罰」である。

この後、男が改心して本当の意味で「よき夫、よき父親」になるかは、まだ分からない。しかし少なくとも現時点では、最後まで男を信じ、そして裏切られた依頼者の、慰謝料なんかよりも、もっと厳しい罰を与えてほしいという望みが、はからずしも実現した形になったのだった。

女は弱し。されど母は強し

今回は結婚していた事実が隠されていたことと、妊娠にまで及びながら姿をくらましたことに対し、依頼者から男への慰謝料請求が認められた。本妻から浮気相手への慰謝料請求はよくあるが、今回のようなケースは珍しい。

一年と少しが過ぎたころ、依頼者が小さな女の子の手を握って探偵の事務所を訪れた。

「あのときはお世話になって」

栗色の髪はそのままだが、短く切り揃え、化粧も薄い。

「この子と二人、何とか暮らしています。憎い男の子供ですけど、この子には関係ないから。それと今度、子供連れでも大丈夫っていう人と結婚することになったんです」

訪問の理由は、この子の父親についての証拠を破棄してもらいたい。この子の父親は死んだことになっている。本当のことは絶対に明かしてほしくないという頼みだった。

「もちろんです。すでに資料は全て処分しましたのでご安心ください」

その言葉に、かつての依頼者は明るい笑顔で事務所を去った。幼い女の子は探偵たちの方に向けて、小さな手を目一杯振ってくれた。

Column

盗聴発見器は本当に役立つ?

「市販の盗聴発見器を自宅で使ったらアラームが鳴ったんですよ~!」

そんな相談を、よく困惑気味の若い女性の方から受けることがあります。

アクセサリーサイズの小型タイプから、新書本よりやや大きなタイプまで、数千円から1万円も払えば、いろいろな種類の「盗聴発見器」が手に入ります。

さて実際のところ、盗聴発見を職業とする探偵から見れば、こういった発見器の評価はどうなのでしょうか?

結論からいえば、数千円から1万円前後の盗聴発見器を使うことはお勧めできません。

当社では以前、市販の盗聴発見器を何種類も集めてテストしてみたことがあります。一般的なブラックボックス型やコンセント偽装型、そして有線タイプ、デジタル式の盗聴器を発見できるかどうかという実験でした。

その結果として、安価な盗聴発見器は「盗聴器に密着しないと反応が出ない鈍感タイプ」「盗聴器以外の電波にも片っ端からアラームを鳴らしてしまう神経質タイプ」の二つに分類できることが判明しました。プロの探偵が使う盗聴発見器は、それなりの距離があっても盗聴電波だけを検出できて、さらに近づきながら盗聴器の位置を特定できるという、一見すると矛盾した機能を備えていなければ発見業務には使えません。

とはいえ、市販の盗聴発見器を使ってアラームが鳴り、それに困惑している人たちに責任はありません。問題は「盗聴発見器」などという、もっともらしいネーミングを施した製品を流通させている販売業者ではないでしょうか。販売前に「かなり盗聴器まで近づかないと反応が出ませんよ」とか「盗聴の電波以外にも電化製品などに反応しますよ」という説明をきちんとしておくべきでしょう。

ある程度の安心感を得たいなら、盗聴発見器ではなく、3万円前後の小型な「広帯域受信機」というジャンルの製品がお勧めです。各種アナライザーまで使って徹底調査する本職にはおよばないとしても、無節操にアラームを鳴らしてしまう発見器よりは、かなり安心できると思います。

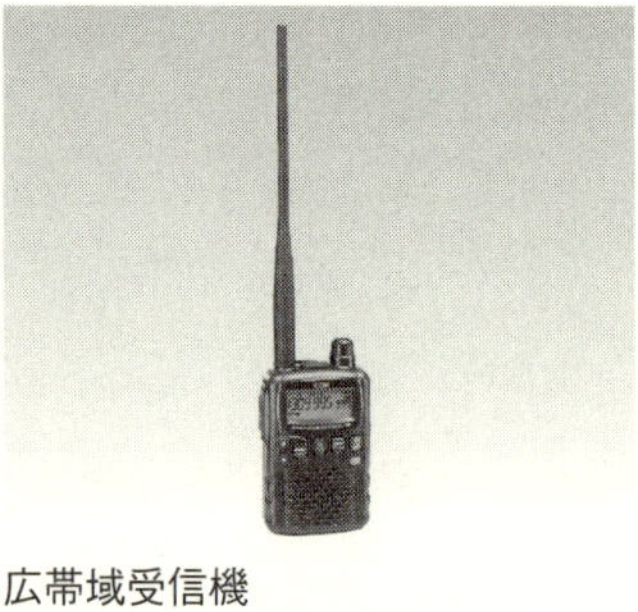

広帯域受信機
写真提供:アイコム㈱

ケーススタディ3

暴力の背景にあった卑劣な計算

気の弱さが引き出した夫の横暴

依頼者は三十七歳の専業主婦。長い髪の毛は後ろで束ねられ化粧は薄め。

「原因は分からないんです。ある日突然、乱暴な言葉をわたしに……」

ゆっくりと小さな声で話す姿は少し気弱な依頼者の性格を表しているようだった。

中堅会社のサラリーマンである夫とは見合い結婚だった。新婚当初は優しく、ときおり家事も手伝ってくれた。会社や近所の評判もよく、子宝にこそ恵まれなかったが、平凡ながら幸せな日々を送っていた。

異変が起きたのは、秋も深まりを見せはじめた十一月のことだった。

酔って遅くに帰ってきた夫はリビングのソファーに寝転び、水を要求した。依頼者はグラスを手渡しながらポツリと呟く。

「こんなに遅くなるなら。電話の一本も入れてくれたらいいのに」

ごく普通の会話だ。今までも些細な愚痴はこぼしたことがある。

けれど、その日の夫は違った。

一気にグラスの半分ほど飲み干すと、残りの水を依頼者に浴びせ、こう罵《のの》る。

「何を偉そうな口、利いてるんだ！　一体お前は何様のつもりだ！」

突然のことに依頼者は茫然と立ちつくしてしまった。夫はその後、いびきをかいて寝入ってしまう。

（会社で何かあったのかしら）

そんなひどい目にあっても夫の身を案じる依頼者。しかし、それが全ての始まりだった。

自分の存在すら否定されて

結婚して約十年が経とうというのに妊娠の兆候は見られない。そんな彼女に世間や夫の実家は決して温かくなかった。医者に行って調べてもらったらという助言も受けた。けれど、夫は優しく気にしないよう言い続けた。

「子供に邪魔されるよりお前と二人だけでいる生活の方が楽しいよ。それに、俺、子供は苦手だ」

そう言われたとき、依頼者は涙が出るほど嬉しかったという。

だが、言葉の暴力はあの夜からエスカレートしていく一方だった。

「頭、おかしいんじゃねぇか？　俺の言ってること理解できてんのか？」

「何だ今日の夕食は。メシも満足に作れないなんて、お前の存在価値ってなんだ?」

「何をふくれてるんだよ。お前のその貧相な顔を見ていると胸がムカムカしてくるよ」

少しでも口答えをすると倍以上にひどい言葉が返ってくる。怒鳴られ、嘲《あざけ》られ、とうとう蹴る、殴るなど肉体的な苦痛も与えられる。

「私、反省もしてみたんです。夫に訊ねてもみたんです。私のどこがいけないの? 悪いところがあったら直すからって」

だが、夫は依頼者の生きていること、生まれ落ちたことすら否定する。とうとう肉体的、精神的なダメージが蓄積し、彼女は体調を崩してしまったのであった。

離婚を決意。しかし、まだ……

それから六ヶ月間、夫の暴力は日を追うごとに激しくなっていった。しかし、世間の目を気にしてか外から分からない部分、例えば腹部や大腿部などに衝撃を与える。それ故、実家や近所も夫の暴力を信じてくれない。このままでは殺されてしまうと思ったとき、警察を呼んだこともあった。が、単なる夫婦ゲンカとして処理されてしまった。

「それで、我々のところへご相談に来られたということで」

「はい。本当にこのままでは殺されてしまいます。こっそり夫の暴力をカメラか何かで撮ってもらって。そうすれば離婚もスムーズに行くんじゃないかと」

「ご主人に離婚の相談はなさいましたか？」

「してません。そんなこと言ったら……」

夫は現在、営業課長の地位にあるという。自分の暴力が原因で離婚にでもなれば面目丸つぶれだ。

「分かりました。それと、ひとつお聞きしたいんですが。ご主人に浮気の可能性はまったくありませんか？」

終始うつむき加減だった依頼者はまっすぐに正面を向き、はっきりとした声で答える。

「それはありません。夫は非常に忙しい人なので浮気している暇はないはずです。朝早く出かけて夜遅くまで働いて、休みの日には接待ゴルフ。だから、子供はいらないって。だから、私と二人だけの生活がいいって……」

「分かりました」

浮気の証拠が見つかれば離婚原因としては申し分ないし、慰謝料の面でも有利になる。そう思っての質問だった。けれど、依頼者は浮気の可能性を否定する。離婚を考えているけれど、愛情は残っている証拠なのだろうか。できるならばやり直したいと考えているのかもしれない。

探偵は詳しい情報を彼女から聞き取り、依頼を引き受けた。

車両発信機が示す意外な行動

とりあえず暴力の証拠を確実に取るという方針で動きはじめた。

何よりも事実を客観的に示すのが肝心。ケガをしたり、体調が悪くて医者に行ったりしたときは必ず診断書をもらうようアドバイスしつつ、日頃の言動を録音するための超小型機材も使ってもらった。それとは別に、無線式の音声発信機も依頼者宅に設置。最近は暴力時に電話線を抜かれて通報すらできない状態だというので、何か起これぱすぐに通報できる態勢とした。

夫の通勤車には発信機を付ける。何かの場合にすぐ駆けつけられるよう近くで待機している探偵が、帰宅する夫と偶然バッティングしないために。なぜなら、第三者が動いていると少しでも悟られた時点で警戒され、その後の証拠集めが困難になるからだ。こういうところは徹底的に気を遣う。

すると夫の行動監視用に付けていた車両発信機が意外な展開を呼んだ。どういうわけか数日に一度、車がとある住宅街の一ヶ所で長時間停止している。

取引先でもない普通の住宅街で何をしているのか？

「この場所に行ってみろ。そして張り込んでみろ」

経験から身につけた探偵のカンが、そう呟いた。

車がその場所に停まるのは不定期だった。だが、張り込み四回目にして、ようやく夫の来訪を確認できた。彼が入ったのはマンションの一室。表札は出ていなかったが、ベランダに見える洗濯物や玄関先ドアの装飾が若い女性の存在を物語っていた。

ピシッとしたスーツ姿で午前中に部屋へ入った夫だったが、昼前には私服姿のまま部屋を出てきた。予想どおり、若い女性も一緒だ。

「瓢箪《ひょうたん》から駒《こま》だな」

二人は楽しげにスーパーで買い物をする。しかも女性は、どこから見ても妊婦。妊娠七ヶ月といったところだった。

依頼者の変化

「今回の調査で得た証拠写真です」

探偵は妊婦姿の女性と一緒に写っているツーショット写真を依頼者に見せた。

「まさか……」

写真を取った手がわなわなと震えはじめる。泣き出すんじゃないか、取り乱すのではと案じていたが、意外にも冷静に顔を上げ、依頼者は言った。

「こうなれば徹底的に調べてください。夫のことも、この女のことも。私をだまして、その上、身体にも心にも傷をつけた男。許せません」

その声や姿勢、そして目の光は今まで見たことのない凛《りん》としたものだった。

こうして、改めて「浮気調査」として依頼を受けた我々探偵は、辛抱強く張り込みを繰り返し、暴力の証拠だけではなく、夫の二重生活を証明できるだけの映像証拠を集めた。

「この女の妊娠時期を逆算したら、ちょうど夫の暴力が始まった時期と同じだわ！」

依頼者は怒り心頭の様子で探偵に告げた。

このまま浮気＋ＤＶ（ドメスティック・バイオレンス）で離婚を前提にした慰謝料請求を起こしてもいい状況だった。しかし、依頼者は浮気相手と二人きりで話し合うことを熱望。そこまでの決意ならば、と探偵は衣服に取り付けられる改造型録音機を依頼者に渡し、話し合いの行方を見守った。

計算高い男の誤算

「はじめまして」

依頼者はまったくおどおどしたところを見せず、堂々とした声で話しはじめた。

「ウチの主人がお世話になってます」

男からは声の小さい、気の弱い、貧弱な女だとでも言い含められていたのだろうか。浮気相手は想像と違う姿に、まず戸惑いをおぼえたようだ。

依頼者は浮気相手に証拠を見せつける。相手の女性は激しく狼狽し、しばらく口をつぐむ。

「心配なさらないで。夫とは別れます。ただ、慰謝料は当然いただきます。ご存じでしたか？浮気理由の離婚は相手側にも請求できるっていうことを」

「す、すいません。でも、でも、私だけじゃないんです」

それから女は依頼者が聞いてもいないことまでペラペラ喋りだした。

男と知り合ったのは取引先同士の関係からだったこと、ほとんど無理矢理に交際を申し込まれ、依頼者と夫の結婚間もないころから続いていたこと、それでも一時は自分以外の女にも手を出していたこと、風俗店にも足繁く通っていたこと、「もうすぐ女房を追い出すけど慰謝料は一円も払わなくて済むように仕向けるから、お前には楽な生活をさせてやれるよ」と約束されていたこと、などなど……。

「仕事が忙しすぎて有給がまったく消化できない。休日も出勤ばかりだよ」

かつて、何度も夫は依頼者に言っていた。

たしかに仕事は多忙だったのだが、それでも隠れて有給はしっかり取っていたようだ。しかも、休日出勤の三分の一はウソだったことが判明した。おそらく、これは給与額と出勤日数の食い違いから虚偽が発覚しにくいギリギリのラインなのだろう。

まったく計算高い男である。

辛い男と強い女

依頼者と浮気相手が話し合った直後から、夫の態度が急に優しくなった。どうやら頭が切れて利に聡《さと》く、計算高い人間ほど根は小心者らしい。

しかも、あれほどの扱いをした依頼者に「いつだって本当に愛していたのはお前だけだよ」と口走る。当然、今さら何を言われても信じられるはずがない。

できるだけ穏便に離婚協議を進めようという夫を無視し、依頼者は調停の準備を進めた。さらには仲人でもある夫の上司にも浮気と暴力、相手を妊娠させたという証拠を見せた。

この事実は職場内にもたちまち広がり、築いてきた周囲の信用は一気に失墜《しっつい》。退職まではいかなかったものの、夫は針のムシロのような日々を職場で送ることとなった。

この後、夫には多額の慰謝料請求、そして妊娠させた浮気相手との決着も待っている。自分がまいた種とはいえ、少しばかり気の毒にも思ったが、依頼者はそうではなかったようだ。

「あんな男がどれだけ苦労しても、知らないわ」

そう言い放った彼女は、見違えるように強く、凛とした女性へと変貌していたのだった。

探偵流　遠隔カメラ術

運動会で我が子のビデオ撮影をするお父さんとは違い、浮気調査をする探偵は隠密行動が基本。まさか「今から撮影しますから遠慮なくラブホテルに入ってくださいね」と対象者に言うわけにもいきません。そのため、小型のカメラ機材をカバンの中に仕込ませたり、ボールペンや服のボタンなどに偽装したりと各社さまざまな方法で「バレにくい撮影方法」の工夫をしています。

ここで紹介するのは、ちょっと一般の人には珍しい「遠隔監視」のテクニック。カメラ機材だけを現場に仕掛けておき、その画像を探偵が離れた安全な場所から監視・録画する方法です。

遠隔監視が活躍するのは、調査員が張り込めないような場所。非常に狭かったり、人目に付きやすかったり、ベテラン調査員でも難しいところです。こんなときは、ビデオカメラに無線式のトランスミッターを取り付け、うまく目立たないように偽装してから現場に置いておきます。あとは、少し離れた安全な場所にいる探偵がトランスミッターから飛んでくる電波（映像）を受信し、必要に応じて録画するだけ。発想そのものはシンプルですが、上手に使えばとても効果的です。

この方法を簡単にやるなら、家庭用ビデオと小型液晶テレビ、そして数千円くらいのトランスミッターを用意すれば大丈夫。もちろん探偵は市販品をそのまま使ったりせず、カメラの小型化やバッテリーの長寿命化、または傍受されにくい特殊な周波数帯の利用など、独自に改良を加えています。技術の進歩によって、もはや「撮影は人間がカメラを構えておこなう」という常識も過去のものになりつつあるのかもしれません。

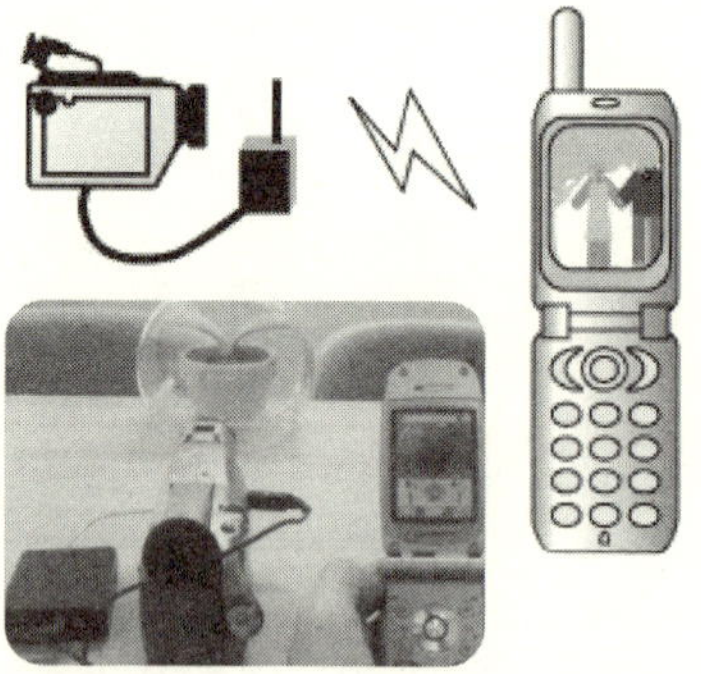

■トランスミッターと小型液晶テレビを利用した「遠隔監視」のイメージ

2. 浮気男のしっぽをつかむ方法

「慰謝料のとれる浮気」の定義

女性によっては「他の女と二人っきりで食事したら浮気よ！　慰謝料を請求してやるわ！」と思っている人がいるかもしれません。

しかし、法的な意味での浮気とは、ズバリ「肉体関係があるか否か」です。食事やデートだけでは、法律で定める離婚原因（不貞行為）にはなりません。民法に規定があるように、夫婦には貞操義務というものがあり、その配偶者以外の相手と肉体関係を持つことは許されていません。この貞操義務が破られた状態を不貞行為、つまり浮気としています。

それなら、お金を払っての性行為、つまり風俗店に行くのはどうでしょうか？　実は、これも立派な不貞行為（浮気）にあたります。あまり浮気とは思われていない風俗店通いは、見事に、有罪です。

■浮気の法的な基準

	一般の考え方	法的な考え方
異性と二人だけで食事	浮気に決まってるわ！	浮気とは認められない
風俗店に行く	腹は立つけど浮気じゃない	浮気であり、慰謝料請求可能
異性とラブホテル	浮気に決まってるわ！	もちろん浮気である

もちろん、ラブホテルに行くことは立派な浮気行為。この他、カーセックスの現場や、浮気相手の家に何度も泊まり込む場面を写真に収めることができれば、それは浮気（不貞行為）の証拠として使うことができます。

さて、よく依頼者の方から「夫が浮気相手と一緒に居酒屋へ入ったら、探偵さんも一緒に入って撮影してください」と頼まれますが、これはお勧めしていません。なぜなら、二人で仲良くお酒を飲んでいる場面を撮影できても法的な浮気とは認められず、そのためだけに狭い居酒屋内で調査員（探偵）の顔を見られるリスクを冒すのは、依頼者にとってメリットがないためです。

また、よくある質問として他には「夫が浮気相手とのチャットで性行為の様子を詳しく話していた記録がありますけど、これだけで裁判に勝てますか?」というのがあります。基本的に答えは「NO」。誰でも簡単にねつ造できるチャットなどのやりとりは、有効な証拠とは認められにくいもの。やはりラブホテルでの密会現場など、言い逃れしようがない証拠を撮影するのがベストです。(慰謝料を前提にした具体的な証拠収集は、52頁参照)

〝浮気イコール肉体関係〟

慰謝料を考えている場合は、それをしっかりおぼえておきましょう。

無自覚型

風俗に行くのを浮気と認識していなかったり、他の女性と付き合うのが当然のように考えている。本人にあまり罪の意識はなく、調査への警戒心はそれほど高くない。自分自身には甘いが、そういう人間に限って妻や恋人に対しては厳しく束縛することも多い。

定期型

ごくオーソドックスな浮気で、浮気相手と定期的にメールや電話で連絡を取り合い、週１回など頻繁に交際を重ねる。浮気のパターンをつかんでおけば、意外と早く証拠が取れることも。

七夕型

遠距離（東京～大阪など）にお互いが住んでおり、たまに出張のときだけ現地で会うようなパターン。会う頻度こそ少ないが、それだけに両者の結びつきは強いとも言える。なお、かなりの強者（つわもの）になると、出張先ごとに別の女性と付き合っている場合もある。

再燃型

一度は妻に浮気がバレて「もう別れた。二度と会わない」と約束するものの、やがてメールや電話で連絡を取るようになり、ついには肉体関係までも再燃してしまうタイプ。すでに浮気が発覚して痛い目に遭った経験があるので、尾行に対する警戒心は強いことが多い。

ヘタなカマかけは逆効果

女性向けの雑誌や書籍に「夫や彼氏の浮気を見破る方法」として、いくつかの会話例（カマかけ方法）が掲載されていたりします。

「あなた、昨日の寝言で言ってた○○ちゃんて誰？」
「今日の昼間、あなたに若い女性から電話があったわよ」
「あら？　今日はどこかでお風呂に入ってきたの？」

そんな言葉を夫に投げかけ、どんな反応をするかによって浮気の有無を調べようというのが狙いのようです。

その理屈はたしかに分かります。しかし、慰謝料をとるための証拠収集を仕事としてやっている探偵から言わせてもらうと、こういったカマかけはしない方が得策です。もっと正確に表現するなら「物的証拠が集まっていないうちにカマかけするのは間違い」ということです。

しつこく問い詰めるのもNG

うまくカマかけが成功すると、自分が精神的に優位になれたような気になります。そして、さらに厳しく問い詰めていくこともできるでしょう。

「あなた、昨日の寝言で言ってた○○ちゃんて誰?」

「なっ!? ちちち、違う! あれは取引先の接待で……」

「なによ、やっぱり浮気していたのね! 絶対に訴えてやるから!」

たしかに、少なくとも一時的には「いい気分」を味わえます。けれど、そのあとが大変。まず相手(夫)は間違いなく、それ以上のボロが出ないように証拠の隠滅を開始します。浮気相手専用の着信音、一緒に撮影したプリクラ写真、パソコンでチャットをしていた会話記録、手帳に書かれたラブホテル情報などなど、貴重な証拠物が二度と手に入らなくなる可能性があります。

そして、浮気相手と会うときも警戒心を強めてくるでしょう。仕事が終わって会社を出るときも周囲をキョロキョロ見回し、歩きながら何度も後ろを確認したり、いきなりUターンしたり、電車のドアが閉まる瞬間に飛び降りたりするかもしれません。ホテルに入るときも別々の入り口を使い、わざと二人がタイミングをずらして出てくるようになったりします。

その上、こちら（妻）がどこまで証拠を握っているのか疑心暗鬼《ぎしんあんき》になり、夫婦仲がギクシャクしてしまうという心配もあります。弁護士に相談されたり専門書を読まれたりすると知恵を付けられて訴訟手続きも厄介《やっかい》。なにより、カマかけが成功したくらいでは調停や裁判の証拠になりません。いざその場になって「オレはそんなこと白状した覚えはない！」と証言を逆転されたら、それまで。慰謝料どころではありません。

〈不用意なカマかけ、問い詰めのデメリット〉

・浮気の証拠を消される
・警戒心を持たれる
・離婚や法律の知識を付けられる
・その場で白状した程度では証拠にならない

このように物証もないうちからカマかけしたり、しつこく問い詰めたりするのは逆効果です。「ダンナが怪しいと思ったら、まずカマかけして確かめよう！」

このような雑誌の特集記事は慰謝料取得を考えたときに間違いとなります。

まずは焦らず、じっくりと証拠を取っていくこと。刑事ドラマでいうところの「しばらく犯人を泳がせておけ」というのが、実は探偵からできる最高のアドバイスです。

探偵流、浮気を見抜くポイント

本人に知られることなく浮気の証拠を集めるのが、慰謝料までの近道。どんなところに注目すれば浮気が分かるか、探偵流の見分け方を紹介していきます。

この見分け方を実践するとき、最大のポイントは「相手に気づかれないこと」。特に、サイフ・手帳・携帯電話・パソコンなど、所有物をチェックするときは無茶しないように注意が必要です。せっかく夫のサイフから浮気相手の名刺を見つけたものの、裏向きにしたまま名刺を戻してしまい、神経質な夫に気づかれてしまった女性もいます。

うまく情報（密会場所や浮気相手の氏名など）が得られたなら、あとで探偵へ本格的に調査依頼をするときにも安く、また効率よいので成功する可能性が高くなります。まずは自分で情報を集めてみて、そこから探偵にバトンタッチ。この連係プレーで浮気夫を追いつめていきましょう。

●まずは物的証拠！――モノから情報収集

・異性からのプレゼント
・一緒に撮った写真
・風俗店の会員証
・車の中に異性のものと思われる毛髪が落ちていた
・車の灰皿に普段とは違う銘柄の吸殻が入っていた
・心当たりのない飲食店や宿泊施設の領収書がある
・心当たりのないイニシャルが入った小物を見つけた
・避妊具の数が減っている
・車の助手席の位置が変わっている

●記録を探せ！——文字と数字から情報収集

・携帯やパソコンのメール
・自筆の手紙
・手帳・メモ帳
・仕事が忙しくなったという割に給与額は増えていない
・車の走行メーターが不自然に増えている
・カーナビの走行履歴が不自然
・クレジットカードの明細書

●ささやかな変化を見逃すな！——態度や行動から情報収集

・妙にやさしくなった
・こちらの行き先や帰宅時刻を聞いてくるようになった
・芸能人の好みが変わった
・流行を追うようになった
・服装の趣味が変わった
・帰宅後、すぐに入浴するようになった
・携帯電話やパソコンにロックをかけるようになった
・自宅で携帯電話に着信があってもすぐに出ない
・自宅でも携帯電話を常に離さなくなった
・自宅に無言電話、または異性からの非通知電話が増え
・すぐに怒り出す、または暴力をふるうようになった
・タバコを買うなどの理由で短時間の外出が増えた
・車の中を頻繁に掃除するようになった
・夫婦生活の頻度が変わった（減った）
・携帯電話やメールの履歴を消すようになった
・掃除をするため部屋に入っただけでひどく怒る
・名前を呼ぶときに間違える

3. 浮気の事後処理　慰謝料の上手なとり方

慰謝料がもらえる人、もらえない人

夫は三十三歳の会社員。外で不倫するようになり、家庭内では暴力をふるう。夫婦には四歳の子供が一人。

まったく同じ条件を用意して、A子さんとB子さんが、どう対応したのかシミュレーションしてみます。

理不尽な夫に負けることなく賢明な対応ができたA子さん、慌てるばかりで何もできなかったB子さん、それぞれのケースについてご覧ください。

うまく離婚し、慰謝料がもらえたA子さん

夫は仕事が忙しいといって一年半ほど前から深夜に帰宅するようになった。暴力をふるわれることも多くなり「気に入らないなら一人で出ていけ!」と怒鳴る始末。この時点で離婚を決

意していたA子さんは、夫に見つからないよう図書館やインターネットで情報を集めながら準備を開始した。

法廷に出ても勝てるだけの証拠を取るため、まずA子さんは自分でできることから始めた。暴力をふるわれたときはかならず医師の診断書をもらい、夫が暴れた直後の散乱した部屋の様子も詳細な日時とともに写真に収めておいた。同時に夫の帰宅が遅くなるパターンを把握して、探偵社に素行調査を依頼することにした。夫の服の趣味が変わったことや自宅へ頻繁にかかってくる無言電話から女の存在も高い確率で予想していた。

電話帳やインターネットで探偵社を探し、できる限り自分で事務所へ足を運んでみた。そして、打合せをかさねた末、誠実そうで料金も手頃な探偵社に依頼することに。

月曜から金曜まで会社帰りの尾行調査で料金は先払いの三十万円。

夫にはそんな素振りも見せず調査報告を待つA子さん。しばらくして決定的な証拠が取れたという連絡があった。

さっそく探偵社へ確認に行ったところ、対象者と若い女性が一緒に食事をしているところや、ラブホテルから出てくる様子が確実に撮影されていた。さらに浮気相手の女性の素性を調べるため四万円で追加調査を依頼。データ調査の結果から、相手の女性が対象者と同じ会社に勤務する独身女性であることが判明した。

そんな矢先、夫から離婚の申し出があった。「引っ越し費用を百万円払うから今すぐ子供を置いて離婚しろ」という理不尽な内容だったが、A子さんは突っぱねた。ここでも暴力をふるわれたが我慢して、きちんと医師の診断書をもらっておいた。

機が熟したと見たA子さんは家庭裁判所に調停を申し出た。調停期日に呼び出された夫は数々の証拠を初めて見せられて愕然《がくぜん》としていた。

裁判まで徹底的に争うつもりだったA子さんの予想に反して、ほどなく離婚調停が成立した。婚姻破綻の原因は夫にあると全面的に認められた調停内容で、慰謝料四百五十万円、財産分与二百万円。月々の養育費支払いはもちろん、子供の親権もA子さんが得たのだった。

調査してもらった探偵社のアドバイスによりA子さんは浮気相手にも慰謝料の請求をした。浮気の証拠を見せられた相手は争う気も失せたようで百五十万円の支払いで示談《じだん》成立。

月日が流れ、次第に養育費の振込みが遅れてきた元夫だったが、裁判所からの履行勧告《りこうかんこく》を見るやすぐに振り込んできた。どうやら根は気が小さな男だったらしい。

女性向けのハローワークで仕事を得たA子さんは、そ

■ 離婚後のA子さん収支

	収入	支出
慰謝料	450万円	—
財産分与	200万円	—
調査費用	—	34万円
その他	浮気相手からの 慰謝料150万円	—
合計	766万円のプラス	

の後もシングルマザーとして子供と元気に暮らしている。

離婚させられ、慰謝料もとれなかったB子さん

夫は仕事が忙しいといって一年半ほど前から深夜に帰宅するようになった。暴力をふるわれることも多くなり「気に入らないなら一人で出ていけ！」と怒鳴る始末。おびえるB子さんは自分がしっかりしていないからだ、と思うようになり、暴力をふるわれるたびに謝るようになった。

やがて、我慢が限界に近づいてきたB子さんは離婚も考え友人に相談してみた。だが、小さな子供を抱えたまま別れるのは、まだ早すぎるのではないかと言われてしまった。そんなとき、たまたま部屋の片付けをしていた最中、夫と見知らぬ若い女性が写った写真を発見する。ところが、これについても夫は「会社の慰安旅行で撮っただけだ！」と言い切り、逆に勝手に写真を見たB子さんを責め、さらに暴力をふるった。

浮気の証拠があれば夫と離婚する決心がつく。そう思ったB子さんは急いでいろいろな広告を探し、いちばん大きく宣伝を載せていた探偵社に調査を依頼することにした。仕事帰りを五日間調査するのに百八十万円という金額だったが「どこもこのくらいの料金ですよ。絶対に証拠は取れますから」と言われたので、その場で依頼を決めた。

料金は自分名義の預金から引き出し、足りない分は実家にウソを言って借りた。

しかし、調査依頼から一ヶ月近くたっても探偵社からは何の連絡もない。電話で催促したらようやく薄っぺらい報告書が自宅に郵送されてきた。

夫の仕事中だったからよかったものの、夫がいるときにこんな郵便物を見られたら大惨事になるところだった。しかも調査結果は「不貞の事実なし」とのことで、何枚か夫が一人で写っている写真が付いていただけだった。

夫が深夜に帰宅した日でも夜八時すぎに帰宅したことになっており明らかに不審な報告書だったが、探偵社に問い合わせてみても「その報告で間違いありません」の一点張り。やがて電話にも出なくなった。

そんな矢先、夫から離婚の申し出があった。「引っ越し費用を百万円払うから今すぐ子供を置いて離婚しろ」という理不尽な内容だったが、もう忍耐も限界にきていたB子さんは離婚届に署名・捺印して夫に渡し、逃げるように家を出た。財産分与や養育費などがあることは思い付かず、親権の記入欄も空白のまま離婚届を置いてきた。

離婚してしばらくは実家に身を寄せていたB子さんだったが、約束のお金がまったく送られてこない。嫌々ながらも親に頼んで相手へ連絡してもらったところ「そんな約束はまったくしていない。向こうが別れたいと言ったから別れただけだ」と言い張り一円たりとも払う意思を見せる様子はなかった。

B子さんは夫から百万円払うと確かに聞いたが、それを証明する念書もなければ公正証書もない。もちろん証人もいない。

ようやくB子さんも本やインターネットなどで離婚について勉強を始め、かなり自分が不利な状況になっていることを知った。

家庭内暴力も今ではドメスティック・バイオレンスとして認められていること、協議離婚するときの約束は文書で残しておくべきということ、探偵社の選び方を間違えていたこと、せめて弁護士に法律相談をしておけばよかったこと。今にして思えば間違いだらけの対応だった。

さすがに今さら離婚届を無効にしてもらうことはできないが、せめて幼い子供の監護権《かんごけん》だけでも自分のものにして、あとは時効がくる前に慰謝料（離婚から三年で時効）と財産分与（離婚から二年で時効）を請求してみるしかない。誠に残念だが有利な証拠が何も残っていないB子さんの苦労は、まだまだ続きそうだ……。

■ 離婚後のB子さん収支

	収入	支出
慰謝料	係争中	—
財産分与	係争中	—
調査費用	—	180万円
その他	—	—
合計	180万円マイナス	

慰謝料を正しく理解しよう！

「浮気ばっかり繰り返して、もう我慢の限界！　離婚して慰謝料をとってやるわ！」

そんな形で日常生活にもよく（？）登場する「慰謝料」。

慰謝料という言葉を辞書で調べてみると、次のように明記されています。

「精神的苦痛に対する損害賠償《そんがいばいしょう》。身体・自由・生命・名誉などを侵害する不法行為や債務不履《さいむふり》行《こう》について請求できる。」（三省堂「大辞林 第二版インターネット版」）

つまり「悪いことをしたからゴメンナサイ料」として被害者に支払われるのが慰謝料、という解釈ができます。

浮気・離婚問題は交通事故とならんで慰謝料に結びつきが強い分野です。

ここでクイズです。「慰謝料」について正しく理解しているかどうか、お試しください。

〈ＹｅｓかＮｏでお答えください〉

Ｑ：慰謝料は離婚したら必ずもらえるのよね？　Ｙｅｓ／Ｎｏ

Ｑ：慰謝料って、弁護士に頼まないともらえないのよね？　Ｙｅｓ／Ｎｏ

Ｑ：ワイドショーでやってるみたいに、私も夫から一億円の慰謝料をとるわ！　Ｙｅｓ／Ｎｏ

Ｑ：夫が浮気を白状したから、これで慰謝料はとれるわね！　Ｙｅｓ／Ｎｏ

クイズの答えは、すべて「Ｎｏ」。

このような誤解は、よく相談中のご依頼者からも聞かれます。テレビなどで「慰謝料」という言葉だけがひとり歩きしているようなので、しっかり知識を付けておきましょう。

慰謝料を取得する流れ

浮気が原因で慰謝料を取得する場合、大きく分けて「話し合いによって慰謝料額を決める」、「裁判所の判断で慰謝料額を決める」の二つがあります。前者は協議、和解、示談と呼ばれています。後者は離婚調停や審判、裁判のことです。

■示談か裁判か――メリット・デメリット比較

	メリット	デメリット	共通点
示談	・特に費用が必要ない ・慰謝料の相場が高い ・展開がスピーディー ・失敗しても裁判所戦略に切り替えできる	・いきなり実行しても勝算は低く、知識と戦略が必要	しっかり浮気の証拠を取っておかないと失敗する
裁判所	・手続きなどを弁護士に頼めば安心感が高い ・判決、決定は法的な強制力を持つ ・慰謝料額が低くなる傾向がある	・弁護士費用の負担が必要 ・時間がかかる	

■証拠収集から慰謝料確定までの流れ

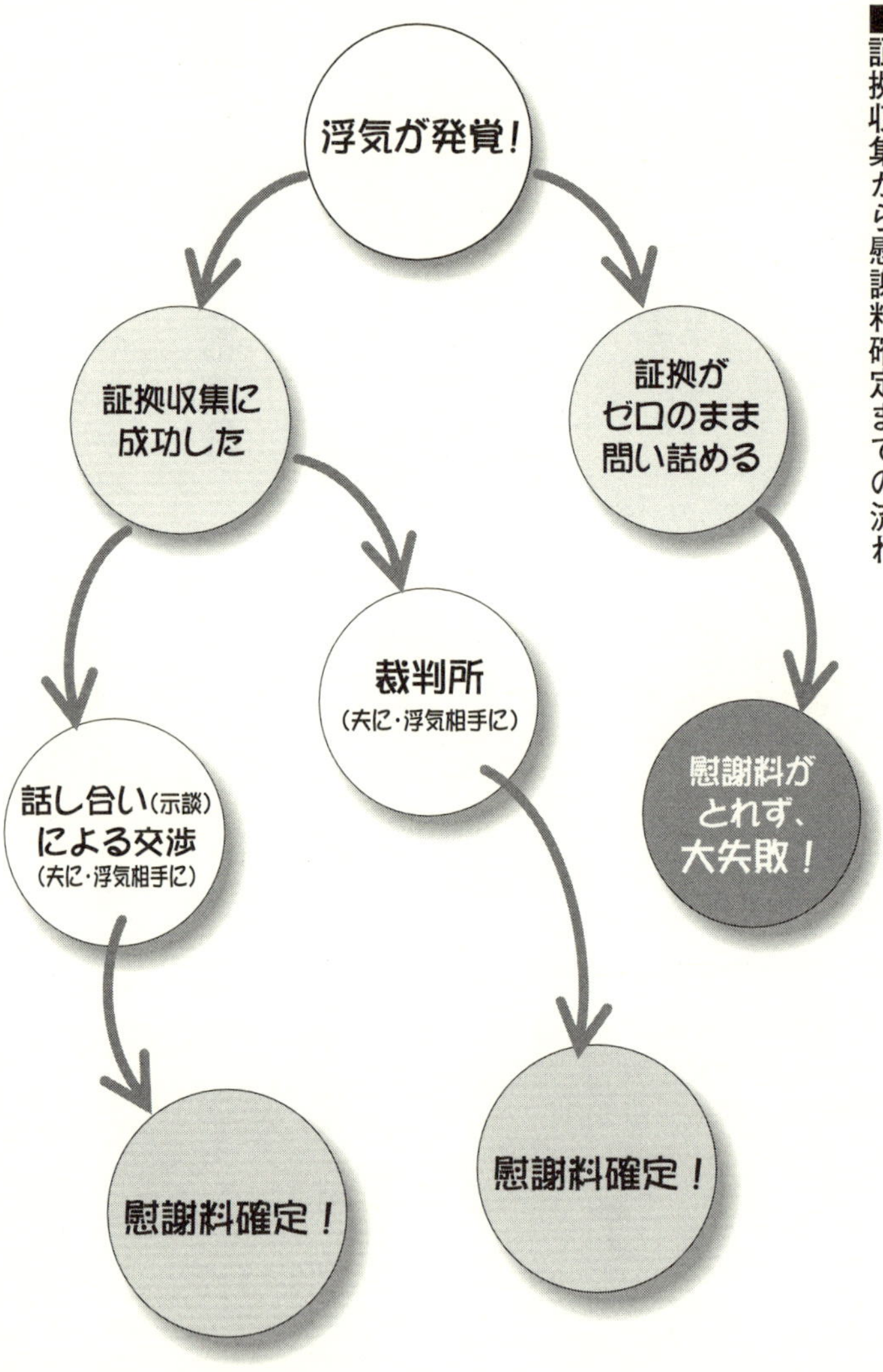

つまり、時間とお金はかかっても無難な方法でいくか、少し知識は必要だけど一円でも多く慰謝料をとりたいか、によって方法は変わってきます。

話し合いがどうしてもこじれた場合に裁判所（調停や裁判）へ切り替えることもできます。したがって「探偵流」としてお勧めするのは、まず示談（話し合い）に挑戦してみることです。

慰謝料の相場と基準

結論からいえば、離婚時に支払われる慰謝料の相場は三百万円から四百万円台が多く、一千万円を超えることはきわめて稀なケースです。ワイドショーで報じられる芸能人のように「慰謝料一億円！」というのは、普通の夫婦にとって現実的な金額とはいえません。

慰謝料の金額を決めている要素はいくつかありますが、夫の浮気が原因で離婚になったケースだと以下のような要素が重視されるようです。

・夫の浮気が、どのくらい婚姻破綻の原因になったか
・請求する側（妻）が受けた精神的苦痛はどのくらいあるか
・浮気していた頻度や期間はどのくらいか
・どのくらいの期間、夫婦の婚姻（同居）年数があったか

・支払う側（夫）にどのくらい支払い能力があるか
・離婚後、妻の生活能力はどのくらいあるか

たとえば慰謝料額が一千万円を超えるのは以下のような場合。

・夫が収入の多い開業医で、→（支払い能力）
・家庭をかえりみず十五年以上も浮気をしていて、→（有責度《ゆうせきど》）
・今も毎日のように浮気相手と会い続けており、→（浮気頻度）
・妻を追い出すため言葉による暴力を浴びせ続けた。→（精神的苦痛）

ここまで一方的に夫が悪いとなれば裁判で命じられる慰謝料額もかなり高額になるでしょう。また、離婚調停や弁護士費用の負担も忘れてはいけません。家庭裁判所の決めるスケジュールに沿って動かないといけませんし、裁判で決定される慰謝料額は示談（協議）で決めた金額よりも少なくなる傾向があります。十分な証拠と戦略があるなら協議離婚（示談・話し合い）で決めてしまいたいところです。

「探偵流」慰謝料取得の極意

ここでは、離婚カウンセラーや弁護士が書いた本とは少し違った「探偵流　慰謝料のとり方」を紹介します。この方法が目標とするのは、ずばり「一円でも高く慰謝料をとる」こと。一般的な慰謝料相場を考え、より高額に、より高確率に取得する方法論を記していきます。

もちろん、これらは必ずしも確実な方法ではなく、状況やタイミングを間違えるとかえって悪い結果になる危険性もあります。あくまで利用するときは自己責任。その点も踏まえた上、参考としてください。

裁判よりも示談で高くとる

前述したとおり、慰謝料の額は離婚調停や裁判といった方法で決定されるよりも本人たちの話し合い（示談）で決めた方が高くなる傾向にあります。それに加え、裁判まで行った場合のネックは弁護士費用の負担。着手金・報酬金は通常それぞれ三十万円から六十万円くらいかかるので、支払われた金額からマイナスされることになります。

状況によっては裁判を利用した方がいい場合もあるでしょうが、高い慰謝料を目指す「探偵流」が通常お勧めするのは示談によって支払わせる方法。特に、請求したい相手の社会的地位が高ければ、裁判沙汰を嫌がって高額な慰謝料をすんなり支払ってくる場合も考えられます。また、社会的地位がそれほど高くなくとも、何らかの理由で「とにかく早く離婚したい」と考えている相手なら「手切れ金としての慰謝料」をすんなり示談だけで払うこともあります。たとえ話し合いがうまくいかなくても、そこで初めて調停や裁判を考えればいいので挑戦してみる価値はあると思います。

完璧な証拠を手にしておく

これも前に述べたとおりですが、とても大切なので強調しておきます。

示談にしても、裁判所へ訴えるにしても、とりあえず「確実な証拠取得」が前提条件。これがなくては何も始まりません。

依頼者の中には「まだ一緒に食事している写真しかありませんけど、これで慰謝料請求しても大丈夫ですか？」と質問してこられる人がいますが、こんな勝率の限りなく低いギャンブルは決してお勧めできません。

『まずは完璧な証拠を手にしておき、決めるときは一気に決める』

油断させておいていきなり決定的な証拠を突きつける。言い方を替えれば「不意打ち」ですが、そもそも非は相手にあります。少しでも高く慰謝料をとるという考えをお持ちなら検討してもいい方法といえます。

浮気相手にも請求する

意外とご存じない方が多いようですが、夫が浮気した場合、その浮気相手である女性にも慰謝料を請求することができます。

「それって二重取りじゃないの？」と思うかもしれません。けれど、これは民法でも認められた当然の権利です（ただし、すでに夫が浮気相手の分まで上乗せして払っている場合は請求できません）。

そのためには浮気現場の証拠写真はもちろん、浮気相手の情報をどれだけ持っているかが重要になります。探偵に依頼するとき**「浮気の現場を撮影したあとは、夫じゃなくて浮気相手の女を尾行してください」**と指示しておくと、うまくいけば「浮気の証拠」「相手の住所や氏名」が一度の調査で判明するかもしれません。

自白内容はこっそり録音、まずは外堀を埋める

基本的に浮気をしている当人たち（夫・浮気相手）の自白は、あとから簡単に引っ込められる可能性があります。そのため使いにくい証拠ともいえます。この自白を有効なものにするためには、録音するという方法があります。

用意するのは相手から見えないように偽装した小型の録音機。以前ならカセットテープレコーダーが主流でしたが、**今はデジタル式の「ICレコーダー」**が価格的にも性能的にもお勧めです。

これに外部接続マイクを取り付け小さなカバンに忍ばせて使います。あとから相手が「そんなことは言った記憶がない！　証拠はあるのか？」と言ってきても対抗することができます。

外部接続マイクを付けたICレコーダー

相手の口を割らせるテク

夫や浮気相手と話し合うときは、できるだけうまく「相手から喋らせるテクニック」が必要となります。ここでは、そのいくつかを紹介しましょう。

(-_-) 基本技

・今いる場所

これは相手から「監禁されたから仕方なくウソの証言をした！」とあとで言えないようにするための予防策です（普通、そこまで言う相手はいませんが）。その場所がファミリーレストランなら、それが分かるよう**「メニューはもういいですか？」**などと、うまく会話に織り交ぜて録音しておきましょう。

・話し合いの日時

客観的に録音日時をハッキリとさせるのに有効です。**時計や携帯電話を忘れてきたフリをし日付と時間を質問**します。これを相手に喋らせて録音すれば大丈夫。

(^_^)v

応用技

・**誘導尋問**

浮気相手と交渉するとき**「あの人（夫）が結婚してるなんて知らなかったから肉体関係を持ったのよ！」**と主張された場合、慰謝料取得はきわめて難しくなります。通常そこまで頭の回る相手はまれですが、そうならないために予防線を張っておくことも有効です。

(-_-;)

失敗例

「アンタ、私の夫とエッチしたでしょ。ほら、証拠写真もあるのよ！」

↓反論**「あたしはあの人が独身だって言うからエッチしたのよ！」**

(^O^)

誘導尋問例

「妻がいる男性と肉体関係を持つなんて、アナタはそんなことが許されると思うの？」

この誘導尋問例のように質問すれば「Ｙｅｓ」、「Ｎｏ」どちらを答えられても、相手は知らないうちに「妻がいる男性と肉体関係を持った」部分を肯定したことになります。ちょっと卑怯な方法ですが先に手を出した（夫を奪った）のは向こうなのですから、やってみても面白いかと思います。逆に、ここまで罠を張っても引っかからない手ごわい相手なら、浮気の証拠を使って裁判に訴えるしか仕方ないかもしれません。

念書＋公正証書で、本丸を攻める！

うまく話し合いが成功したとしても口約束だけを信用するのは（たとえ録音していたとしても）危険です。**相手は浮気という「最大限の裏切りをした『前科者』」**だということを忘れてはいけません。合意内容は文書にしてこそ、やっと威力を発揮するものと思いましょう。

まず基本は「念書」と呼ばれるもの。これは特に決まった書き方もなくノートの切れ端に書いてもレシートの裏側に書いても「念書」になります。

●念書の一般的な記載項目

・その念書が書かれた日付
・当事者の名前
・不貞行為（浮気）を認める記述
・慰謝料額や支払い方法、期日などの合意内容
・本人の自筆であること
・捺印（または拇印）があること

もちろん念書だけあれば法的な効力を持ちますが、難点は「あとから相手が支払いを拒否したとき強制執行ができない」というところです。そのため、できるならば合意内容を「公正証書」にしておきたいところです。

公正証書は、いわば「念書のパワーアップ版」で「公証役場のお墨付きがあること」、「給料の差し押さえなど強制執行が可能になること」などが大きなメリットです。**示談での合意内容に裁判所の判決と同じ効力を持たせることができる**ため、どうしても約束倒れになりがちな示談内容を強化できます。手数料も（請求する金額にもよりますが）数千円〜一万数千円程度と手頃なため、できるだけ公正証書の作成をお勧めします。

手続きは全国に三百くらいある公証役場でおこないます。これは当事者（妻と夫、または妻と浮気相手の女）が行かなければいけませんので、「浮気相手の女なんか二度と会いたくないわ！」と思っていても我慢しましょう。まずは事実確認や手続きのために公証役場へ行き、二度目の訪問時（最初の訪問から十日後くらい）に公正証書が完成します。必要な書類や手数料・印紙代などはケースによって異なるので、公証役場に電話して聞いてみるのがベストと思います。インターネットを使える人は、日本全国の公証人が組織する「日本公証人連合会」のホームページ（http://www.koshonin.gr.jp/）を参考にするといいでしょう。

■日本公証人連合会のホームページ

http://www.koshonin.gr.jp/

※ 公正証書で強制執行できるようにするには「金銭の支払い約束であること」「期日までに支払わなければ強制執行すると明記されていること」が必須条件です。

守りは、身ぎれいにし落ち度を見せない

「夫が浮気したから、こっちもお返しに別の男と肉体関係を持ってやった。でも夫の方が先だから慰謝料請求してやるわ！」というのは、ちょっと現実的ではない話です。双方に落ち度があったと裁判所に認められたら、慰謝料などはとれません。もちろん示談のときも、わざわざ相手に逆転のチャンスをあたえることになります。

そのため、離婚（＋慰謝料請求）の決心がついたら自分の身の回りは徹底的にきれいにしておきましょう。たとえ肉体関係がなかったとしても、携帯電話やパソコンに残った出会い系サイトのやりとり、または職場の仲間（異性）と二人で写った写真など、少しでも疑われるようなものがあれば処分します。もちろん、実際に他の男性と付き合うなどは論外。**浮気している夫が「保険」のために妻の浮気調査を依頼するケース**も探偵業界では少なくありません。

自分の浮気の証拠は隠滅しヘソクリがあれば隠しておく。その上で徹底して相手の非を責めていく。

少しばかり汚いようですが一円でも慰謝料の金額を増やす努力をしておいて損はありません。

着替え、変装道具

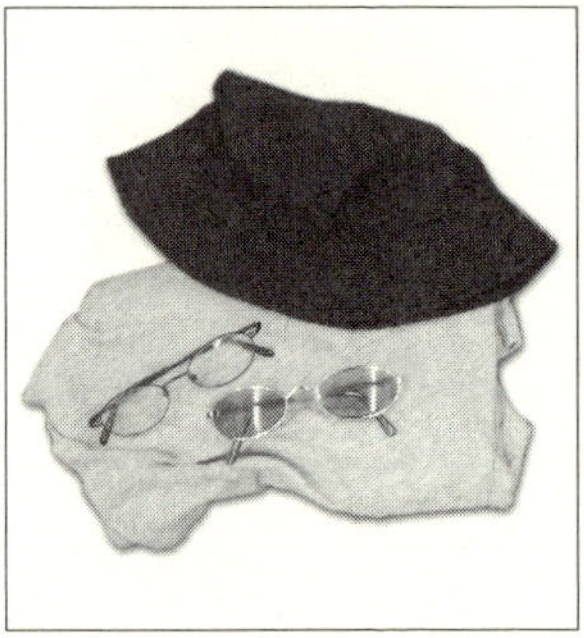

ドラマや小説ほどの派手な変装はめったにおこないません。けれど、ちょっとした小道具を使って印象を変えさせることは多いものです。対象者は一般的に、それほど通行人の顔や服装を覚えているわけではないので、目先だけ変えてやれば気づかれる危険は少なくなります。しばらく尾行したら上着を脱いで手に持ち、帽子をかぶったり伊達メガネをかけたりすることで、立派な「別人」になりすますことが可能です。逆に、過剰な変装はかえって相手の印象に残りやすくなるので注意が必要です。

小型ライト

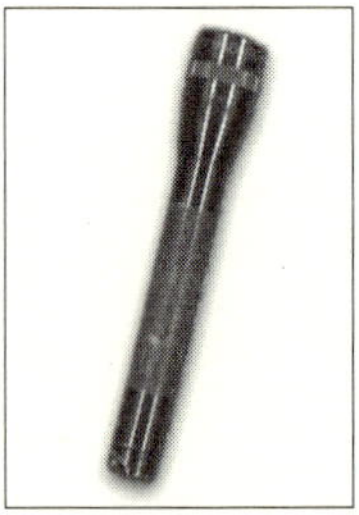

探偵が活動する時間帯は、早朝や昼間よりも圧倒的に夜間がメイン。暗闇でカメラのセッティングなど細かい作業をすることも多く、小型軽量なライトは探偵にとって生命線ともいえます。調査現場ではかなりハードな扱いをされますから、100円ショップで売られているような小型ライトでは信頼性が足りません。現役探偵が口を揃えてお勧めするのは、一般に「マグライト」と呼ばれる海外製の小型ライト。航空機と同じアルミ合金を使い、もちろんボディは防水加工。アウトドア用品店などで手に入ります。

現　金

なんといっても最後に物をいうのは「実弾」、すなわち現金です。プリペイドカードが利用できない交通機関に乗って尾行するときや、いきなり対象者が新幹線に乗ってしまったとき、撮影機材が故障して現地調達しなければいけなくなったときなど、現金がなければ話にならない状況も結構あります。この他、尾行するのを嫌がっているタクシー運転手さんに「まあまあ、これでお願いしますよ～」などと、こっそり現金でチップを渡す探偵さんもいるとか。調査に出かける前には、小銭から万札まで、ひと揃え持っておくのが調査員のたしなみともいえます。

探偵の七つ道具

カメラ

証拠収集の必須機材。ひと昔前はフィルムカメラしか選択肢がありませんでしたが、現在はデジタルカメラが主流。この他、動画撮影用のビデオカメラ（こちらも現在はデジタル全盛）、超望遠レンズ、暗い場所での撮影を可能にする暗視レンズや赤外線投光器など。決定的瞬間を撮影するための機材には各社それぞれ「こだわり」を持っています。

ボイスレコーダー

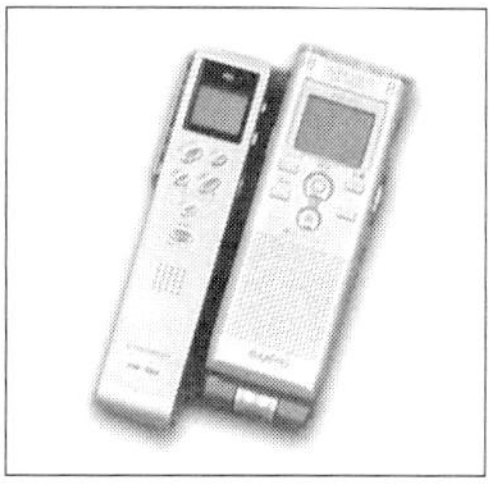

調査現場では手書きメモを取っている余裕がないため、何かを記録する場合にはボイスレコーダーに吹き込んでいきます。たとえば「対象者が浮気相手と一緒にラブホテル『○○○』に入った。ホテル所在地は中央区○○１丁目２－３」といった具合に。撮影機材と同じく、こちらもデジタル形式の「ICレコーダー」が主流。カセットテープを使うアナログ形式とは違い、小型軽量。しかも音声データと一緒に録音時刻が自動的に記録されるので、あとから報告書を作るときにも非常に便利です。

携帯電話

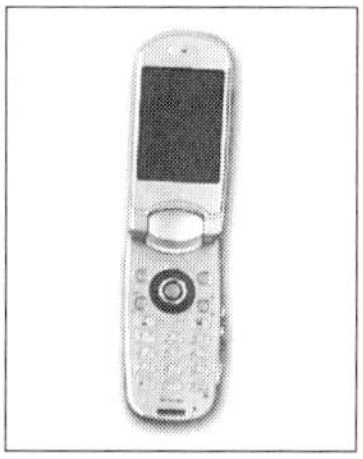

現代人必須、と同時に探偵にも必須アイテム。調査員が二手に分かれたときの簡易連絡用途はもちろん、張り込み時の小道具としても重宝します。何もせずに住宅地で立っている人間は不審人物ですが、楽しげに携帯電話で会話している（フリをしている）人間なら、少しばかり長時間の張り込みでも怪しまれないからです。

プリペイドカード

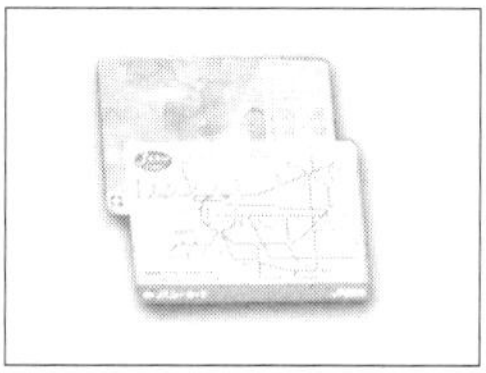

電車やバスなど公共機関を使って尾行するケースが非常に多いため、スムーズに乗り降りできるプリペイドカードは必須アイテムです。しかし、カードの残金に気を配るのはもちろん、どのカードがどの交通機関で使用できるかという対応を間違いなく記憶しておくことが大切。

Column

「自分で調査」はどこまで有効?

たまに探偵さんが書いた本を読んでいると、「自分でダンナの浮気を調査してみよう!」という記述があったりします。しかし、これは現場の人間から言わせてもらえば「冗談じゃない、勘弁してください!」というのが率直な感想です。

自分で夫や彼氏を尾行して浮気調査するのは、すごく合理的に見えてしまいます。お金もかからず、相手の顔を見間違える心配もなく、怪しいと思ったときにすぐ実行できるからです。

しかし、それこそが落とし穴!

こちらが相手の顔を見間違えないということは、逆にいえば「相手からも即座にバレてしまう」ということを意味しています。それでなくても根本的なスキルが不足したまま尾行することは、お勧めできません。

相手がいきなりUターンして自分の方向へ歩いてきたときの対処、お店に入られたときの最適な監視法、バスや電車に乗られたときのポジション取りなど、尾行時にとっさの判断が要求されるポイントは、10や20では済みません。

やはり餅は餅屋。尾行や証拠撮影は専門の人間に頼んだ方がベターだと思います。

しかし、それならば自分(依頼者)がやることはまったくないのか、といえば、そうでもありません。

対象者が同居しているなら、調査予定日にどんな服装・カバンを持っているのか、出社や退社の時間帯は何時ごろか、といった情報があると探偵も調査が非常にやりやすくなります。すなわち後方支援(サポート)に徹するというのが、実はもっとも「賢い依頼者」なのです。

第二章
恐怖のストーカー　その調査と対策

1. エスカレートしていくストーカーたち 事例編

ケーススタディ1

元カレがストーカー　縁の切れ目が恐怖のはじまり

フェードアウト狙いが変な方向へ

依頼者は二十三歳のフリーター。最初相談に来たときは肩より長く栗色の髪を伸ばし、どことなく幼さが残る女性だと思った。しかし、二度目に事務所を訪れたとき、髪は顎《あご》のあたりで切り揃えられ、表情は憔悴《しょうすい》し、充血した目の下にはくっきりとクマが浮かんでいた。

「もう、何をどうして良いのか分からないんです。この苦しみから逃れるためには死ぬしかないのかと」

短大卒の依頼者は卒業すると大阪のアパレル企業に事務員として勤めはじめた。京都の実家から通えない距離でもないが、就職を機に憧れの一人暮らしがしたくてアパートに引っ越す。

その後、会社を辞め、古着屋の店員として働くことになった。

今回の調査対象者はアルバイト先で知り合った二十一歳、正社員。地元資産家の息子で、若いながらも副店長の職にあり、しっかりした第一印象があったという。

二人はお互いに好意を持ち、付き合いはじめた。しかし、男は次第にわがままで身勝手な性格を見せはじめる。気に入らないことがあると彼女に辛く当たり、仕事中でも従業員やアルバイトに罵声《ばせい》を浴びせ、時には手を出すこともある。依頼者は、いつか別れよう、今日こそはっきり言おうと考えるものの、男の逆上が怖くて言い出せない。

そんなとき、男は店長として東京に転勤することとなった。

「俺が一人前になったら必ず迎えに来るから」

男はそう言い残し新幹線で上京した。

男の転勤は依頼者にとって幸いだったが、男は毎晩のように電話やメールを送ってくる。しかし、彼女の愛情はすでに冷めている。

はっきり告げるべきかどうか迷っているとき、相談に乗ってくれる相手が見つかった。彼は親身になって話を聞いてくれ、何なら自分が男に言ってやるとも答えてくれた。

依頼者は、迷惑をかけたくないからと申し出を断ったが、それがきっかけで心惹かれ、いつしか互いに恋愛感情を抱くようになった。

「東京の彼はカッコいいし、もてるし、お金持ちだし。向こうの方が先に新しい彼女をつくっても不思議はないし。それに、すぐにキレるから、怖くて言いそびれてしまったんです」

連絡が途絶えれば相手も分かってくれるだろう。そう依頼者は考えた。だから、こちらから電話することやメールを送ることはなくなった。

それを不審に思ったのか、相手から頻繁に連絡が届くようになる。最初のうちはうまく誤魔化していたが、当然ジャマと思うようになる。いまだ依頼者に恋愛感情を抱く男はしつこくメールを送ってくる。迷惑と感じながらも彼女はそれに答えてしまう。長かったメールが数文字になり、会話もぞんざいになる。そんな日々が続いた。

それでも男は諦めなかった。そして、ゴールデンウィークを利用して、大阪に行くと言ってきた。

依頼者は結果を先のばしにしてきた。その間、男は彼女に何らかの異変が起こったのだと気づく。しかし、それは愛情の変化ではなく、自分と離れたことに対するストレスだと早合点してしまった。

「遠距離でなかなか会えないから、ストレスがたまってるんだ。その証拠に会う約束は、すぐとれたものな」

男はそう思ったに違いない。

東京、大阪間。きっと男は久しぶりの再会に胸を躍らせていたのだろう。

キミはだまされている！

新大阪駅で出迎え、男は懐かしい大阪の名所を依頼者と訪ね歩いた。もちろん、彼女の心は浮かない。新大阪ではっきりと言うつもりだったのだが男とのデートに付き合ってしまう。

夜になり、食事を終え、ホテルのバーでグラスを傾けた。男はそのときになって初めて今の気持ちを告白する。

「結婚を申し込まれたんです」

依頼者はポツリと言った。そして、ようやく胸の内と自分の状況を男に伝えた。この歳で結婚なんかしたくない、そして今は新しい彼氏がいる。

「あなたのことは今でも好きよ。でも、遠いんだもん。東京と大阪、遠すぎるんだもん」

その言葉を聞いて男は納得し、諦めたようだった。

別れ際、男は依頼者にこう言ったらしい。

「幸せになれよ」

依頼者はようやく胸のつかえがおりた気がした。

「でも、終わらなかったんです」

しばらくは新しい彼氏と幸せな時間を過ごしていた。そんなある日の深夜。依頼者の携帯にメールが届いた。

「あれ？」

それは別れた男のメールアドレスからだった。

【キミはだまされている。ボクはこれからキミを助け出してあげる。これは相手の男に対する宣戦布告でもあり、キミに対する忠告でもある】

次の日からたびかさなる電話やメール攻勢がはじまった。

【あのとき別れようと言ったのはボクの気を引きたかったからだろ？　キミを幸せにできるのはボクだけなんだよ】

【キミはその新しい彼氏にだまされている。キミの目を覚ましてあげることこそがボクの使命なんだ】

【キミのことを考えると夜も眠れない。今、このとき、キミが悪魔のような男に抱かれてるんじゃないかと考えると気が狂いそうだ】

【ボクとの甘い夜を忘れたわけじゃないだろう。キミは子犬のようにじゃれてきてボクと口づけを交わし、そして……。ああ、思い出しただけでたまらない】

異常な執着を示す数多くのメール。復縁を迫る電話。交際時から少し他人よりも思い込みが激しいタイプだとは思っていたが、まさかこれほどとは……。

仕方なく携帯電話の番号もメールアドレスも変えた。ひとまず連絡は来なくなりホッと胸をなで下ろす。

しかし、それはあくまでも依頼者を恐怖にたたき落とすプロローグでしかなかった。

ゴミ袋が消えた……

しつこい連絡も途絶え、男のことは忘れかけていた。少しでも関係を断ち切りたくてバイト先も変えた。新しい彼氏とは順調にいっている。彼女にとって元カレのことはイヤな思い出と変化を遂げようとしていた……、はずだった。

朝が苦手な依頼者は収集前夜にゴミを出す。少しでも朝の準備時間を稼ぎたいからだ。翌朝は大慌てで身繕《みづくろ》いや化粧を整え部屋を飛び出す。

そのとき。

「あ……」

他のゴミはまだ回収されていないのに彼女の袋だけが姿を消していた。

「?」

不思議に思ったがその日は慌てていたので、そのまま仕事先へ向かった。

数日後。

届けられた携帯電話の請求書に開封された跡があるのを見つけた。

その他にも、自転車置き場で自分のもの以外すべてが倒されていたり、さらには変更後の電話番号にも頻繁に無言電話がかかってくるようになった。

「まさか。あいつは東京にいるはず」

今の彼氏の忠告もあり、通信販売で買った廉価《れんか》なモノクロ防犯カメラを設置する。そして、知人の勧めもあり、我々探偵の事務所を訪れたのであった。

ドアの前に、髪を切られたフランス人形が……

現実にゴミを持ち去られるなど行動があるのならば、こちらも人員を隠れて配置させ、ストーカーの確定的な証拠を取るという方針を提案した。

「分かりました。ちょっと今の彼氏とも相談してみます」

依頼者はひとまず家路についた。

しかし、その相談からのわずかなタイムラグの間に、次の異変が起こった。

事務所を出てから、依頼者は気分でも変えようと美容室で髪を切った。そのまま、彼氏の部屋へ泊まりに行き、翌日帰宅。部屋の前に着くと小さな段ボール箱が置かれているのに気がついた。

「何だろ」

宅配便や小包ではない。誰かが自分の手で直接残していったものだ。

箱の中にはフランス人形がひとつ。しかも、ただの人形ではない。髪の毛が顎のラインで切り揃えられている。そう、昨日、自分が美容院でカットしたのと同じ長さ。そして、人形の横には切られた残りの髪まで添えられてあった。

「キャー！」

依頼者は箱ごと人形を投げ捨て、カギを厳重に締め、カーテンで窓を覆い、明かりも消して膝を抱えた。

あいつが帰ってきている。どこかで私を見ている。

その瞬間に携帯の着メロが鳴る。誰からのものか分かる。怖くて手が伸ばせない。身体がガタガタ震えだし、冷や汗が流れ、心臓の鼓動が速くなる。

「いや……、いや、イヤー！」

電話を取って壁に投げつけた。その瞬間に呼び出しは止まる。続いて鳴ったのはメールの到着した合図。普通のEメールではない、電話番号さえ分かれば届く携帯会社別のサービスメール。

【気に入ってくれたかな。ボクのプレゼント】

「イヤー！　もうイヤー！」

狂ったように電話を何度も投げつけ、とうとう部品がこぼれ落ちるほどバラバラになった。

「どうして！　どうしてよ！　アンタが悪いんでしょ！　私のせいじゃない！」

大声で泣き叫び、見えぬ相手に訴える。もちろん、答えはない。あいつがそばにいると思うと、表に出ることもできない。

暗いアパートの一室で一晩中涙を流しながら、依頼者は眠れぬ夜を過ごした。

防犯カメラに写った見知らぬ顔

「お願いです。助けてください」

翌朝さっそく探偵の元に訪れた依頼者は、今にも消え入りそうな声で言った。

「防犯カメラはきちんと作動していましたか？　ドアの前に人形を置いたのなら、その姿が写っているはずですが？」

「怖くて見られない。一緒に見てください」

「分かりました」

テープには箱を手にしたひとりの男がドアの前に向かう姿が写されていた。これが元彼氏となれば、警察に動いてもらえるかもしれない。

探偵がそう考えた矢先、依頼者は驚いた顔で意外な言葉をつぶやいた。

「この人、あいつじゃない」

「え？」

「こんな人知らない。知らない人よ！」

「ということは……」

便利屋と称し、あらゆる雑用をこなす業者がいる。その中には法に触れることを承知で復讐《ふくしゅう》の代理をおこなうところもある。または、業者を頼まなくても、悪だくみに同意する誰かに依頼した可能性もある。人形が届いたとき、タイミングよく着信されたメールも、第三者が陰で彼女の行動を確認し、東京の男に伝えたのだろうか。「今、彼女が部屋に戻って箱を開けましたよ」と、いった感じに。

連絡を受けた男はいかにもすぐ近くにいるような振りをし、メールを送り、依頼者を恐怖に突き落とす。もしこの推測が当たっているとすれば、かなり巧妙に仕組まれた作戦だ。

「こんなんじゃ、もう堪えられない！　きっと引っ越しても追いかけてくるんだわ！　もういや、死んじゃいたい。死んであいつのいない世界に行きたい！」

我々は彼女をなだめ、どうにかこうにか落ち着かせた。

「大丈夫です。安心してください」

「もうイヤ、いやなんです！　あの部屋に帰るのが怖い」

我々は仕方なく、ある提案をした。依頼者はそれを聞くと頷き、承諾してくれた。

ポジティブな逃避

元彼氏が本当に復讐代行屋を雇ったかどうかは断定できないが、探偵としては張り込み・監視を続けながら何らかの証拠を押さえたいところだった。しかし、ここは一秒でも早く元彼氏から姿を隠したいという依頼者の意志を尊重することにした。

探偵といえば人を探すプロ、のイメージが一般的に強いが、人探しに強いということは、同時に「人を隠す」のにも長けているということだ。これだって立派なストーカー対策のひとつである。もちろんストーカーが使う手口を多く知っているのも、探偵ならではのアドバンテージだ。

詳しい方法をここに記すわけにはいかないが、日常生活に支障がでない範囲で徹底的なストーカー対策を施し、依頼者は転居した。ただ行き当たりばったりの夜逃げとはまったく違う。ストーカーがどんな方法を使って転居したターゲットをつけ狙うか、その可能性をひとつひとつ潰していきながらの転居。この元彼氏がどれほど熱意を持っていたとしても、執着心だけで転居先を知ることはできないだろう、という自信はある。

それから半年あまり経って、依頼者から連絡が届いた。

「転居後は平穏な暮らしが続き、新しい場所で今の彼氏ともうまくやっています。本当に感謝しています」

そんな文面で、こちらも安心した。しかし、彼女のメールの最後に書かれた文章が印象的だった。

「平和になった今でも、ひとりで帰宅するときがすごく怖いんです。また玄関に人形が置いてないかと心配しちゃって……」

たしかに依頼者の言うことはもっともだ。

ストーカー行為等の規制等に関する法律、いわゆる「ストーカー規制法」によると警察は男に対してストーカー行為の中止を警告でき、それでもやめない場合は公安委員会が禁止命令を出すことができる。それを無視すれば一年以下の懲役または百万円以下の罰金が科せられる。また、被害者が告訴すれば六ヶ月以下の懲役または五十万円以下の罰金。このように罰則規定を設けたことによって、ストーカーに対しての抑止力が期待されている。

しかし、いくら規制する法律が整備されても、それが即座に被害者の安心につながるものではないことを探偵たちは経験で知っている。

今後、彼女はもう二度と元彼氏に会うことはないだろう。しかし、「姿なき追跡者」に与えられた心の傷が癒《い》えるのは一体いつになるのだろうか。

そして今回、あらゆる方法で依頼者に迫ってきた元彼氏の男。

彼は自分の行為が法に触れるものだと気づいていないかもしれない。真剣に愛していたはずなのに、彼女から突然告げられた別れ。考えようによっては、精神的に追いつめられたのは依頼者も加害者も同じことかもしれない。

ケーススタディ2

マッチョストーカーVS探偵。体力と知力の勝負！

ストーカーを追っかけた強者《つわもの》依頼者

「ストーカーにストーカー呼ばわりされてるんです。ホンモノはあっちなのに！」

二十代半ばの依頼者は開口一番、大きな声でこう言ってのけた。

当然のことながら我々探偵は、ストーカーからの依頼、暴力団関係者からの依頼、その他差別調査などは一切断っている。しかし目の前にいる依頼者は、活力あふれるキャリアウーマンタイプの女性。世間でいうストーカー像とは正反対だ。

どういう事情でストーカー呼ばわりされているというのか訊ねてみる。

「まずは、詳しく事情をお話しいただけますか？」

探偵の問いかけに対し、依頼者は答えた。

「実は、一ヶ月ほど前から見知らぬ男にストーキングされているんです」

ウェブ制作会社で働いている依頼者は仕事が遅くなりがちで、よく終電で帰る。一ヶ月ほど前のある日、いつものように仕事を終え、駅から自宅のマンションへ向かう途中、背後に何度か怪しい男の影を見つけた。家は駅から歩いて十分ほどの住宅街にあるマンションで、終電とはいえ同じ方向へ帰る人もたまにいる。はじめは気のせいだと思っていたのだが、それが週に二度、三度と続くことに気づいた。

あるとき、おかしいなと思った依頼者が走って角を曲がると、背後からも駆け出す足音が聞こえてきた。

その瞬間、疑惑が確信に変わったという。

依頼者は、いきなり立ち止まりUターンする。そして背後の人影にズンズン迫っていった。それに気づいた背後の人間も、すぐに逃げ出した。

「気のせいじゃない。私が狙われているんだと思いました」

誰もがそうであるように、まさか自分がストーキングされるとは思いもよらない。最初は驚いた依頼者だが、すぐにその驚きは怒りに変わった。

「警察に突き出してやる！」

これは探偵から見ても、尾行者に特有の行動パターンと思えた。

何も後ろめたいことのない男性なら、見知らぬ女性が近づいてきたとしても普通はキョトンとするだけだ。すぐに逃げ出したということは本当にストーカーであった可能性が高い。

依頼者よりも相手は素早く逃げ去り、どこかに停めてあった自転車へ乗ってまんまと逃げおおせたという。結局、暗闇で見たシルエットから判断して、どうやら相手は男性らしいという点以外は何も分かっていない。

「あのときは本当に悔しかった。あんなに速いなんて」

依頼者は忙しい仕事の合間に二十四時間制のスポーツジムで汗を流している。体力には自信があるから、このときも追い付けると思っていたそうだ。

とはいえ探偵から見れば、若い女性が尾行者を逆に追いかけるという行為は決して褒められたものではない。今後は同じような状況があったら必ず人通りの多いところへ移動し、あまり積極的に近寄らないようアドバイスをした。

「分かりました。たしかに相手がナイフなんか持っていたら危険ですものね」

そしてストーカー被害の話は、ここから本題に入っていくのだった。

ついにストーカー呼ばわりまで

依頼者が逆に追いかけてからというもの、尾行されている気配はなくなったらしい。一時は安堵したが、すぐに別の恐怖に襲われることとなった。自宅ポストに、ストーカーからの手紙が投函されるようになったのだ。

すでに自宅まで把握されていると知り、さすがに依頼者も不安の色を強めた。

「ポストの中をあさられたみたいで。来るはずの書類が来てなかったり、クレジットカードの明細書なんて開封してあったんですよ」

どうやら相手は依頼者の買い物具合などが気になっていた様子だ。その上、送られてくる手紙は男が出すとは思えない代物だった。かわいらしい便せんに文章がしたためられ、ハートのシールで封がしてある。

相談時に探偵も現物を見せていただいたが、たしかに異様だ。今どき、小学生の女の子だってここまではしないと思える。

しかし、そのファンシーな外見とは裏腹に内容はディープである。

『いくらキミがボクのことを想っていてくれているとはいえ、まさかキミがボクを追っかけストーカーしてくるとは思わなかったよ、ハッハッハハ。それと、今月はちょっと買いすぎじゃないのかな。今の給料じゃ厳しいだろうけど、ボクと結婚したらいくらでも贅沢《ぜいたく》させてあげるよ』

依頼者からすれば、何を言っとる、こいつ！大きなお世話よ！と言いたくなりそうな身勝手きわまりない文章だ。ねっとりした文面が整然とプリンターで印刷されており、これは下手すると自筆よりも恐怖感が強い。しかも筆跡から本人を特定することができない。このストーカーは、そこまで計算ずくでやっているのだろうか。

危険を感じた依頼者はすぐに郵便ポストにロックをつけた。郵便物を荒らされているような形跡はなくなったが、まだストーカーからの手紙は止まらない。

『誰かにボクからの手紙を見られたら恥ずかしいもんね。○○ちゃんって案外恥ずかしがり屋なんだ。ボクの手紙、そんなに大事に思ってくれるなんて嬉しいよ』

どこをどうすればそんな風に解釈できるのかまったく依頼者は理解できない。たまにこういうタイプもいると探偵は承知しているが、それでもストーカーの心情を積極的に理解しようという気にはなれない。

「こういうの、ダメなんです。まだ玄関先にネズミの死体でも置いてあった方がいいわ。片づければいいだけだし。目に見えない人の心のほうがよっぽど怖いですよ」

ネズミの死体の方がすごいと思うが、エネルギッシュな体育会系の彼女は、ねっとりとした心理戦に相当まいっているようだった。

そして、依頼者が心配しているのはそれだけではなかった。

「私だけならまだいいんです。でも近所の人に迷惑がかかってしまうのが一番怖い。近所のマンションには小学生くらいの子供が多いから、万が一のことがあったらと思うと……」

依頼者はそういって言葉を詰まらせた。

なるほど、たしかにもっともな心配だ。基本的にストーカーは特定の異性しか眼中にないが、その求愛行動（?）を他の誰かが邪魔するようであれば、何をするか分からない面もある。そうなれば周囲の住人だって百パーセント安全とは言い切れないだろう。

さらに、それからも手紙攻勢は続いた。

自己流のストーカー対策も裏目に

不定期にストーカーからの手紙は届き、、いずれも依頼者に対して、ありえないような都合のいい解釈をしている。どうやっても自分と依頼者を『運命の恋人』にしたいらしい。いや、すでにストーカーの頭の中では恋人同士になっているのかもしれないが……。

こんな状態では、たとえ殴ったところで『これは愛のムチだね！』なんて言い出しかねない。そう思った依頼者は、自己流のストーカー対策を開始した。

その時点では特に探偵への依頼は考えていなかったらしい。インターネットを駆使して「ストーカー対策法」を調べ回った依頼者。あるサイトは「無視し続けたらいい」とアドバイスしてあり、また別のサイトでは「とことん向き合って話し合わなきゃ駄目！」と言い切っている。そして、さらに違うサイトで「相手から嫌われるような生活振りを見せたらストーカーされなくなった」という体験談を読んだ依頼者。「これだ！」と思い翌日から実践してみたそうである。

スポーツ好きでありながら、きちんと清潔感あるスタイルにこだわる依頼者には苦行だったという。しかしストーカーから嫌われたい一心で部屋の前を散らかし、自宅近くではわざとだらしない格好を心がけた（もちろん職場に到着する直前できちんとセットを直してはいたのだが）。

帰り道にも気を配り、人通りの多い道を選ぶのはもちろん、不審者がいないかできるだけ周囲を確認するようにした。そうすることでストーカーに心理的プレッシャーを与えようと考えたのだ。

そんな生活をしばらく続けた依頼者だったが、このストーカーは彼女を嫌いになるどころか、さらに勘違いを加速させていく結果になった。

『いくらキミがボクのことを想っていてくれてるとはいえ、近頃のキミはおかしい。どこにいてもボクのことを探しているようじゃないか。ボクはずっとキミのそばにいるから。もう心配しなくてもいいよ。ボクのストーカーさん♡』

そんな手紙が届き、依頼者は絶句したという。

たしかに、ストーカーから嫌われるために部屋の前や服装を乱しているし、尾行が気になるため周囲を何度も見回すクセは付いている。しかし、それを見たストーカーからまたストーカー呼ばわりされるとは……。

しかも都合よく勘違いしているストーカーは、また依頼者の郵便物を盗み始めた。ロックしているのもお構いなしの様子である。さらに、最初ほど露骨ではないが尾行者の気配も再び感じるようになった。

もう自分だけではどうしようもない。そう思った依頼者は、ここにきて探偵への依頼を決意したのだった。

郵便ポストを張り込む

詳しくストーカー被害の状況を聞いた探偵は、いくつか残念に思える点があった。

最初の段階で簡単にバレるような尾行をしたり、郵便ポストを遠慮なくあさったりという行動があったのなら、そのときに決定的な証拠をつかんでおきたかったところだ。そうすれば、ここまでストーカーに勘違いさせることも、依頼者が恐怖を感じることもなかったかもしれない。

今回に限ったことではないが、「自己流のストーカー対策」で失敗してから探偵に相談してくるケースというのも実は意外に少なくない。インターネットの普及などによって、いろいろなストーカー対策を個人レベルで公開している人も多い。それ自体は悪いことではなく、たしかに探偵から見て有用なアドバイスもある。だが、ここがストーカー対策の難しいところ。たとえA子さんが「ある方法」を使ってストーカー被害から逃れられたとしても、それをそのまま真似したB子さんが成功する可能性はきわめて低い。それどころか逆に状況を悪化させることも多いのだ。

この場を借りて、ストーカー被害に悩む読者の皆さんには「ストーカー対策知識を集めるのはいいことだけど、それを安易に実行するのは控えてください」とお願いしておきたい。

少し話が逸れてしまったが、現状をしっかり把握した探偵はさっそく行動を開始した。

ワープロ打ちの手紙だけでは警察に届けるのも難しいため、セオリーどおりに「証拠の取得」、

「ストーカー犯の素性割り出し」という両方の線で進める。

まずは依頼者宅の郵便ポスト付近に、偽装した小型カメラを設置。郵便ポストに何かしようとしたら、必ず顔が写るセッティングにした。それと同時に、かなり離れた場所から望遠レンズで依頼者の住むマンション入り口を監視する。今回はストーカーがどこに潜んでいるか分かりにくいため、遠くから張り込んだ方が警戒心を与えずに済む。あまり欲張って近くに張り込み、ストーカーと鉢合わせしたら目も当てられないからだ。考えてみれば当然のことなのだが、こういった基本的な点にも気を配らない探偵社は多い。

そして、依頼者の郵便ポストにクレジットカードの明細が届くまさにその日、その男は現れた。

まだ依頼者は帰宅していないとはいえ、もう外は真っ暗。すでに夜だ。小さなペンライトで郵便ポストの中を照らした男は、何か細い棒状の物を隙間から差し込み、わずか二十秒足らずで中にあった封筒を取り出す。隠しカメラからトランスミッター（44頁参照）で飛ばされた映像を確認しながら、かなり手慣れたものだと妙な感心をしてしまった。さらに、明るいところで見た「体格の良さ」も相当なもの。これなら依頼者の追跡を簡単に振り切ったのも納得できる。

携帯電話のカメラ機能で明細書を撮影して満足げな表情を浮かべる男をカメラ越しに確認しながら、探偵たちの緊張感は高まっていった。今回の尾行は、おそらく体力勝負。対象者（ストーカー）が自転車で移動するということなので、エンジン音のする尾行手段は使いにくい。

こちらもスピードの出せる自転車二台を用意し、さらに陸上の競技経験を持つ調査員も配置しておいた。バックアップ要員として自動車（調査車両）にも別の調査員をスタンバイさせる。

体力と知力の自転車チェイス

さあ、いよいよ尾行の開始だ。

男は、依頼者のマンション近くに隠してあった自転車に乗り込み走り出した。依頼者から聞いていたとおり、いやそれ以上のスピードで軽快に走っていく。自転車の方もかなりカスタマイズ（改造）してあるのだろうか。それぞれ自転車で尾行している探偵二名も一般人相手なら体力面でひけを取らない自信がある。だが、今回はストーカーの体力が半端ではない。乗り物（自転車）の性能差もあって距離は少しずつ開いていった。しかも尾行する探偵の側は「相手に気づかれない」という厳しい制約の中で尾行していくのだから、体力だけでなく神経も消耗が激しい。

「まずい、もうじき追い切れなくなるか？」

そう思いつつあったとき、このストーカーが深夜営業のスーパーに立ち寄った。これは思わぬ救いだ。ギリギリまで諦めず食い下がった甲斐があった。

破裂しそうな心臓を押さえ、呼吸を整えながら店内の対象者を確認する。かなり店の奥にいるようだ。そして、駐輪場の周囲に人の気配もない。

一名が見張りをしながら、もう一名の探偵がストーカーの自転車に近づく。ここまで入念にカスタマイズされた自転車なら、盗難に遭ったときのために所有者住所・氏名などが書かれていることも多い。たとえ住所や氏名が直接分からなくても、何らかの情報が得られるかもしれない。自転車に貼られた盗難防止シールや名札は、尾行する探偵にとって情報の宝庫でもあるのだ。

さすがに今回は直接的な情報こそなかったが、マンション名と思われる文字に、三桁の数字の付いたシールを確認できた。この数字は駐輪場の番号か何かなのだろう。これで、自動車にいるバックアップ要員の探偵が先回りできるようになった。

「ちょっと急いで調べてほしいんだけど」

自転車尾行の探偵が、自動車に乗って待機中の探偵へ連絡する。

「今は、○○というスーパーに対象者がいる。この半径五キロメートル以内くらいで、○○マンションっていう建物があるかどうか検索してくれ。今回のストーカー犯人と関連している可能性が結構高いから」

「了解。本部（事務所）の方にも検索してもらうよう連絡してみる。あっちの方が詳しいデータも揃ってるしな」

「ああ、それもまかせた。詳しい住所が分かり次第、その場所にクルマで先回りしてほしい。こっちは引き続き直尾（直接尾行）を続ける。あとはいつもどおりの方針で頼む」

「分かった。何かあれば連絡する」

「よし、頼んだ！」

そんなやりとりが、ごく短時間のうちにおこなわれた。

探偵は単独行動が好きな一匹オオカミだというイメージも、実はテレビや小説が作り出した幻想。探偵にとっては尾行する「最前線」の人間がすべてではなく、今回のように「バックアップ」や「本部」と連携プレーで対象者を追い詰めていくのも珍しいことではないのだ。

それから少し張り込みを続けると、男が手にビニール袋を提げてスーパーから出てきた。

ここからは第二ラウンドのスタート。バックアップがいるとはいえ、ここまで来たら最後まで自分が追跡したいとも思う。買い物の荷物があるため男のスピードが少しダウンしたのに加え、前半戦で運転のクセをある程度はつかむことができた。自動車の尾行も同じなのだが、こうやって運転のクセが分かると尾行もやりやすくなる。そして慎重に尾行すること、さらに十分あまり。男がマンションの駐輪場へ自転車に乗ったまま入っていくのを確認した。

マンション名を確認すると、……ビンゴだ！　はやる気持ちを抑えながら、怪しまれないよう普通に駐輪場の前を通り抜けて待機する。ふと視線の向こうに見慣れた調査車両を発見。どうやらバックアップも間に合ってくれていたらしい。車両内から暗視レンズで撮影しながら、おそらく後方支援要員の探偵もどこか近くに潜んでいるはずだ。

こういう状況で自分がどう動けばいいか、互いに連絡を取る余裕がなくても探偵たちは分かっている。

対象者が入っていく部屋番号も無事に確認し、表札と郵便受けから男のものと思われる氏名も分かった。少なくとも依頼者の話には出てこなかった名前だ。

ともあれ、かなり体力的にもハードな尾行だったが、ストーカー男の所在を突き止めた。依頼者の郵便物を抜き出すシーンもちゃんと撮影できている。さらに、翌日からはこの男の身辺を調査し、勤務先も判明した。

職業はスポーツジムのインストラクター。

「なるほど、それであの体格と体力か」

犯人は顔見知り

「んん？　……あ、あの人か。でもなんで、あの人が？」

報告書を受け取りに来た依頼者は添付された写真を見て、心当たりに気づいたらしい。なんと、ストーカーの正体は依頼者が通うジムのインストラクターだったのだ。

「そういえばあの人、私に気があるような素振りしてたっけ……。かなり前のことだから忘れてたわ」

依頼者にしてみれば、スポーツジムはあくまで運動をしてストレスを発散する場所であり、出会いを求める場所ではない。ましてやジム所属のインストラクターならば、お客様である会員を口説いたりするなど御法度のはず。依頼者はそう考えて、さほど気にも留めていなかったという。

これはごく常識的な対応だと思う。しかし、このインストラクターは依頼者への好意を一方的に募らせた挙げ句、ゆがんだ方向へと突き進んでしまった。

「こんなマッチョなストーカーがいるなんて」

依頼者は真相を知っても、まだどこか信じられないといった面持ち。

「まあ、意外とこういうタイプは一途な人が多くて……。国家公務員だとか会社社長だとか、結構いろいろなストーカーも私たちは見てきていますし……」

ストーカー被害に遭遇した過去の例をいくつかあげると、依頼者は少し納得したようだった。

その後、依頼者は新しい手紙が来るのを待ってから、報告書・写真資料も一緒にして警察へ届けに行った。このストーカー男がどうなったかという詳しい後日談は依頼者から聞いていないが、少なくともストーカー被害に悩まされることはなくなったそうだ。

「探偵をやっていれば、世の中のことがよく分かるでしょう?」

そう言われることもあるが、実際はその逆かもしれない。今回の件にしても、一見すると好青年がストーカーの正体だったのだから。

　世の中は本当によく分からない。いや、だからこそ調べるための探偵がいるのだろう。そんなことを自分自身に言い聞かせながら、今日もどこかで探偵たちは「何か」を調べるために駆け回っている。

Column

尾行されてる？　と感じたら

現場で何百件と尾行調査をこなしているうちに、ふと思うことがあります。
「この対象者も、まさか自分が尾行されているなんて夢にも思ってないだろうな」

現代は良くも悪くも探偵が大衆化、一般化してきているので、浮気調査に限らず多くの場面で後をつけられる可能性があります。

ここでは、「ひょっとして尾行されてる？」と気になったときの確認方法について簡単に紹介します。

もっとも代表的な確認方法は、（徒歩でもクルマでも）移動中に「同じ方向へ3回連続曲がること」です。同じ方向に3回曲がるということは、もとの場所に戻ってくるという無意味な行動です。自分の後ろにいた人物が、その動きに合わせてきたら、その人間が尾行者である可能性は非常に高いと判断できます。

または、駅のホームにいるとき、乗る予定のない電車に乗り込んでみて、その人間がついてくるかどうかを確認し、その発車寸前に降ります。相手も動きを合わせてくるなら、これまた尾行者の可能性が大です。

さらに、いきなり振り向いて相手の目を見てみるのも参考になります。目が合ったときに「誰だろう、この人は？」と不思議な目で見てくる相手なら安全ですが、目が合った瞬間に横を向いたり、Uターンして離れていくような相手は尾行者である可能性が大きいといえます。

とはいえ、これらの方法は「比較的スキルの低い尾行者」にしか対応していませんので、熟練した調査員が何人も入れ代わるような本格尾行だと、風景にとけ込みながら後を追うため、見破ることはかなり難しくなります。あくまで自己防衛のための参考に、ということで覚えておくといい方法かな？　と思います。

ケーススタディ3

狙われたアイドルを守れ！

目の前に光るナイフ

「いよいよ追いつめられた」

そのとき、探偵は思った。

目の前、ほんの数センチにはギラリと光るナイフ、背後には怯えて動けない女性依頼者。もちろん逃げ場はない。鉄製のドアを一枚隔てた向こうには、今にも押し入ってこようとするストーカーがいる。現実の探偵が、どうしてこんな探偵ドラマのような場面に遭遇しているのか。

それは数日前のストーカー被害相談にさかのぼる……。

前世は、僕のジェニー

「私、モデルしてるんです」

ストーカー調査の相談に訪れた依頼者は二十歳くらいの女性。スラリとした長身で目鼻立ちもはっきりしている。聞くところによるとモデル事務所に所属するアイドルの卵だということだ。モデルという仕事柄、ファンレターが届くことも多い。もちろん通常、妙な電話や手紙は事務所サイドでシャットアウトされる。

ところがある日、依頼者の持つ携帯電話に、妙な男から電話がかかってきた。たまに仕事上で使う事務所名義の携帯電話ではなく、依頼者本人のプライベート用にである。相手も携帯電話を使っているらしく番号通知だ。

「やあ、〇〇ちゃん。いや、前世と同じくジェニーと呼んだ方が分かりやすいかな。やっと会えたね。そうか、現世ではモデルをしてるんだ。この間のイベントに着ていたコスチューム。僕的にはどうかなぁと思うよ。僕は現世ではデザインの仕事もやってるから今度会ったらコーディネートしてあげるよ。お互いの仕事が関係あるのも運命なんだね」

依頼者から聞いた話から再現すると、大体そんな通話内容だったらしい。もちろん一方的に話していたのは男の方で、依頼者は戸惑うばかりだったという。ストーカーの中には勝手に「俺ストーリー」を創り出すイマジネーション豊か（?）なタイプも多いが、今回のように前世まで持ち出してくる例は珍しい。

この電話にひどくショックを受けた依頼者は、急いでモデル事務所に相談した。まったく理解できない会話内容はともかく、この相手が自分の本名やプライベートの携帯番号まで知っているのは普通じゃない。だが、事務所のマネージャーからは素っ気ない返答だけで済まされた。

「そのくらいは人気のバロメーターだと考えなきゃ。よくあることだよ。まだキミは駆け出しなんだし、ファンの人は大事にしないと駄目だよー」とまったく相手にしてくれる様子がない。

しかしその後も、イベントに出るたびに男から電話があった。コスチュームや髪型のこと、イベントの進行状況のこと、果ては帰宅時の服装のことまで詳しく知っている。つまり、イベント会場にいたということか。いつも依頼者のことを「ジェニー」と呼び、勝手に週末のデートを約束してくる。ドライブ中に車内で流すBGMも編集済みという。そんな一方的な会話の中で「憶えてるかい、前世では○○城の戦いで勇敢にキミを守り抜いた僕の姿を？」と空想話まで飛び出してくる始末。もう無茶苦茶だ。

これは間違いなくストーカーなのだから警察へ届けよう、と依頼者は考えた。しかし地元の警察署では相談係に回され、「あなたのご相談は○○が伺いました。今後不明な点があればお問い合わせください」という小さな紙をもらっただけ。単なるイタズラ電話としてしか処理してもらえなかったらしい。

そうこうしているうちに、電話以外のストーキングもエスカレートする。原付スクーターに乗って帰宅する途中、何度か不審な自動車につけ回され、電車で移動中も同じ男がぴったり付いてくる。ついにはオートロック玄関の自宅マンション内部にまでストーカーが入り込んできたらしく、夜遅くに帰宅したら高級食材や外国産のお酒がドアの前に置いてあったりもした。また前世ではどうとか、意味の分からない手紙も添えられていたという。

恐怖のあまり夜も眠れなくなり、モデルの仕事どころではなくなった依頼者は探偵のところへストーカー対策の依頼をしてきた。

尻尾《しっぽ》をつかむ

ここまでの経緯を聞く限り、このストーカーは妄想型であると同時に「自己アピール型」だと言える。普通なら隠しておきたい自分の携帯番号や職業などを、何のためらいもなく相手（依頼者）に知らせているのが特徴だ。おそらく「僕がキミのことをこんなに知っているんだから、キミにも僕のことを知る権利がある」という押しつけがましい愛情の表れだろうか。もちろん彼らストーカーは、いきなり素性の分からない男から愛を語られて個人情報を押しつけられる彼女たち被害者の不安と恐怖など、考えたこともないのだろうが……。

このストーカーが依頼者のプライベート用携帯番号や住所まで知っていたのについては、いくつかの情報流出ルートが想像できる。モデル事務所からのリーク、良識に欠けた調査業者、さらにアンダーグラウンドな情報ネットワークなど、現代社会には個人情報が漏れ出す「隙間」がいくつも存在しているのだ。

ともあれ今回はストーカー本人が個人情報を知らせているため、調査自体はスムーズに進行した。まずは依頼者が記録していた車両番号や携帯番号などからデータ調査を使い、ストーカーの概要情報を入手。次に、そのデータを元にして行動調査をおこなった。このストーカーは三十代前半の単身者、同居家族なし。本人が言っていた「デザイン事務所に勤務」というのは本当らしく、なかなか昼間は真面目に働いているようだ。外見は、それほど身長の高くない肥満型。ほとんど坊主頭といえる丸刈りのヘアスタイルで、失礼だが「前世で女性を守って勇敢に戦った男」にはとても見えなかった。その他、日常生活で目に付いたのは、誰にも会わず常にひとりで行動していた点と、何もないところで突然ニヤニヤと笑い始めた点。あまりストーカー証拠になるとは思えなかったが、これも撮影しておいた。

この男がストーカーになるのは、仕事が終わってからの夜間。どんなに仕事を終えるのが遅くなっても、依頼者のマンションを巡回（？）するのは欠かさない。早く仕事が終わった日には依頼者の所属事務所へ行き、じっと建物の外で座っていることもある。

また、依頼者のマンション周辺に人がいないときは、中へ忍び込むこともあった。オートロックの玄関からではなく、なんとこのストーカーはマンション外壁にある排水パイプをよじ上って二階非常階段へ着地。見た目の肥満体からは想像できないほどの身軽さに、正直かなり驚いた。もちろんこの不法侵入行為も撮影済み。これでストーカー規制法違反に、刑法犯も追加だ。

依頼者の部屋周辺での行動は、事前にマンション管理組合から許可をもらって設置した隠しカメラが撮影に成功していた。何度も部屋のドアをノックする場面と、電話をかける場面、あとはドアの前に食べ物や手紙を置く場面が証拠として収められた。

こうして集まった情報と証拠を報告書にまとめて依頼者に提出。あとは依頼者によれば「証拠があったら事務所の方できちんと対応してくれるそうです。本当にありがとうございました！」とのこと。芸能界には芸能界の対処ルールがあるのだろうし、あとはモデル事務所が顧問弁護士などと相談しながら解決してくれると聞き、探偵も安心したのだった。

だが……。

モデル事務所のまずい対応

「お願いです、早く来てください！このままじゃ殺される！」

聞き覚えのある声で探偵が電話を受けたのは、ストーカーの報告書を依頼者に提出した翌日の夜。どこでどう間違えたのか、ストーカーから命を狙われることになったという。たった一晩で何が起こったのか？　あわてながら依頼者が早口で語ったのは、モデル事務所のあまりに不適切な対応だった。

探偵が報告書を提出した翌朝（つまり緊急の電話があった日の朝）、依頼者が見せた報告書と証拠一式をざっと見たモデル事務所のマネージャー。何を思ったのか、いきなり目の前にある電話からストーカーの携帯番号にコールした。そして受話器に向かって乱暴に話し始める。

「おい、あんた○○さんだろ？　うちは○○ちゃんの事務所だけど。あんたねぇ、一体何を考えてるのか知らないけど、迷惑なんだよ。いい加減にしないと痛い目に遭うよ。こっちはさ、あんたの住所も職場も調べて分かってるんだ。証拠もあるし、何なら出るところに出るよ。こっちはあんたと違って忙しいんだからいい加減にしてよねー、ホント」

きちんと弁護士や警察に相談してくれる、と聞いていた依頼者は呆然とした。もちろんこれを聞いた探偵も頭を抱えた。よりによって、このタイプのストーカーに第三者が直接交渉など自殺行為だ……。

この電話の直後、今度は依頼者の携帯電話にコールがあった。どうしたらいいか迷っている依頼者の手から電話をもぎ取り、またもマネージャーが勝手に応対する。

「しつこいヤツだねぇ。だからやめろって言ってるだろ！　このゲス野郎が！」

ここで電話は切れたという。「これで大丈夫。前にも○○ちゃんにストーカーしてた男がいたけど、これで二度と付きまとわなくなったよ」と、この男性マネージャーは自信満々。

しかし、依頼者にとって「真の恐怖」はその夜にやってきた。

窮地

マネージャーの対応に嫌な予感をおぼえ、早めに帰宅した依頼者の携帯電話にコールがあった。怯えながらも電話に出た依頼者。聞こえてきたのは、あのストーカーの、いつもより冷静で淡々とした声だった。

「やあジェニー、僕はキミを見損なったよ。どうやって僕のことを調べ上げたのか知らないけど、卑怯なことをするじゃないか。キミがそんな勝手な女だとは思いもよらなかったよ。前世であんなに一緒になろうって誓い合ったじゃないか。もう、この世なんてどうでもいい。仕事も辞めてきたから。二人で来世こそ幸せになろう。もうじきそっちに行くから、ちゃんと用意しておいてくれよ。キミは僕だけのジェニーだ」

これを聞いた依頼者は半ばパニック状態におちいり、まず警察より先に探偵へ電話してきたという。かなり深刻な状況だと判断した探偵は、急いでバイクに乗って依頼者のマンションへ向かう。他に動けそうなスタッフにも声をかけ、警察に通報しながら車で応援に来てほしいとも要請しておいた。

探偵の事務所から依頼者宅が近かったことも幸いしたのか、先行した探偵がバイクで到着したときにはマンション周辺で騒ぎが起こっている様子はない。依頼者から聞いておいたナンバーで玄関ドアを通過し、ストーカーを探す。……とりあえず一階のエントランス付近も大丈夫のようだ。念のため護身用として近くにあった灰皿を手に取り、エレベーターではなく非常階段を使い依頼者のいる六階に向かった。あとは警察が来るまで依頼者を守りきることだ。

探偵が六階へ到着するとほぼ同時に、依頼者宅のドアが開いた。どうやら以前に調査で使った小型カメラの映像を室内から見ていたらしい。

「どうも遅くなりました。しかし、まだフロアー全体の様子を見ていませんからドアは開けないでください！」

「すいません。だって心細かったから。でも、ずっと見てましたけど誰もこの近くには来ていませんよ」

「分かりました、とにかく中へ……」

そう探偵が言いかけたとき、まだチェックしていない反対側の非常階段方向から、猛スピードで走ってくるストーカーの姿が見えた。しまった、依頼者が動くのを待っていたのか！　右手には大型のサバイバルナイフを持ち、怒っているのか笑っているのか、口元を歪めた表情で一直線に依頼者の部屋へ向かってくる。

とっさに先ほどフロントから拝借してきた灰皿を投げつけたが、狙いが大きく逸れて空振り。自分のコントロールのなさを恨みつつ、急いで探偵は依頼者の部屋に滑り込みドアを閉めた。だが、素早いストーカーはつま先と右手を一瞬だけ早くドアの隙間に割り込ませていた。

「なーにーしーてーんーのぉー。あーけーろーよぉー」

緊迫した場におよそ相応しくない、淡々としたストーカーの声。それがいっそう恐怖感を倍増させる。ドアを強く締め付けてもひるむ様子がなく、ますますドアの隙間に手と足を突っ込んでくる。

もはやチェーンロックをする余裕はない。依頼者も恐怖のあまりに硬直して動けない。

（もう、やるしかない）

ドアは外開き。そして、ストーカーはドアの隙間に手足を入れている。つまり、身体は正面にある。

「さがって！」

少し手荒に依頼者を部屋の奥へ押しやった探偵。ほんのわずかに玄関先でステップバックして、一メートルほどの隙間をドアとの間に作った。

「うおおおっ！」

鉄製のドアめがけて渾身の蹴りを放つ。その直後、ドアの向こう側でガン、ゴンと鈍い音が二回聞こえた。

そのまま飛び出して現行犯で捕獲したいが、相手の状態が分からないまま出て行くのは危険だ。まずは呼吸を整え、しっかりドアにチェーンロックをした。そしてドアの隙間から依頼者に借りた手鏡で慎重に外の様子を確かめる。

どうやらストーカーは逃げ出したのか、姿が見えなくなっていた。

「なんとか助かったようですね」

少し傷を負った右手をかばいながら、依頼者と一緒に探偵は胸をなでおろした。

ほどなくストーカーは、依頼者のマンション近くで放心状態だったのを警察に身柄確保された。最終的な罪状までは聞いていないが、ストーカー行為、住居侵入、銃刀法違反、さらに傷害罪か殺人未遂がプラスされるといったところか。きちんと証拠も押さえてあるし、実刑は間違いないだろう。

その後の二人

かなり危ない橋を渡るはめになったが、ストーカーは逮捕され、依頼者は怯えることのない生活を取り戻した。その後の依頼者は所属事務所を変え、今はモデルやアイドルというより女優として広いフィールドで活躍している。名前を明かすわけにはいかないが、読者の皆さんも舞台やテレビで見たことがあるかもしれない。

ところで、あとから聞いたところによると、このストーカーは別件で執行猶予中だったらしく、おまけに今回の逮捕劇では自宅から薬物まで見つかったそうだ。あの正気とは思えない妄想は薬物が生み出していたのだろうか。まあ、執行猶予中にここまでやれば残り人生の大半を塀の中で過ごすことになるかもしれない。自業自得とはいえ、見事に依頼者と明暗が分かれる結果になった。

ストーカーは間接的に交際を迫るだけの場合も多いが、今回のように間違った対応で追い詰められれば、凶悪な殺人者になることも十分ある。たとえば平成十五年だけを見ても、ストーカー殺人の検挙件数は十九件。ストーカーによる強姦が十一件、暴行が三十六件、傷害が百三十件。被害者になりうる女性、そして関係者の方々には、表面に出てきただけでもこの数字になるという意味をよく噛みしめていただきたい。そして、「どうせイタズラ電話だけだろう」と楽観的に考えず、ストーカーを凶暴化させないための早期対処を心がけてほしい。

★1　情報は具体的に記述する

「会社」「車」だけでは、現場の様子を知らない依頼者には状況が伝わりません。会社なら「社名・支店名・所在地・誰の勤務先か」まで、車なら「どこに停まっていたか（またはどこから迎えに来たか）・メーカー名と車種・ボディカラー・車両番号・誰が運転席に座ったか」まで、詳細かつ具体的に書かなければなりません。

★2　勝手な推測を書かない

入門者にありがちなのが、「自分の見た事実」と「自分の考えた推測」を混同してしまう間違いです。

「浮気相手らしい女性」と書いてありますが、調査段階では確定できません。たまたま同僚の女性社員と一緒に会社から出てきただけかもしれませんし、ラブホテルに入ったのは結果論です。「自分のマンションに帰宅」と書いてありますが、本当にこの女性の自宅なのかも分かりません。たまたまその夜だけ、仲のいい友人宅へ遊びに行っただけかもしれません。

あくまで報告書に記載していいのは、客観的事実のみ。いくら状況から99%確実と思えても、残り1%の不安が残るようなら断言しないほうが無難です。

★3　略称や流行語を使わない

「コンビニ」や「ラブホ」など、省略された言葉を報告書で使ってはいけません。「パソコン」や「ワープロ」など、略称の方が一般的な単語のみ省略可能です。略称・流行語の他に気をつけなければいけないのが、業界用語や差別用語など。調査報告書は誰が読んでも分かりやすく、かつ不快感を与えないような配慮が要求されます。

この他、上記例文になかった注意点として「文学的な書き方は嫌われる」というのもあります。たとえば自分が浮気調査を依頼したとして、その報告書に「まどろむような月明りの下、対象者と女性は互いの引き裂かれた運命を呪うように何度も熱い抱擁と接吻を交わした」などと書いてあったら、どんな依頼者だって怒ります。

「自分は趣味で探偵小説を書くのが得意だから、報告書なんて簡単に書けるよ」

そんなタイプの人ほど探偵を目指す場合には注意した方がいいでしょう。

探偵はプロの文筆家ではないので「上手な文章」を書く必要はありません。必要なのは「正しい文章」を書くスキルなのです。

報告書の作り方

探偵の仕事は調査をすることなのですが、それと同じくらい大切なのが「調査結果を報告書にまとめる」という仕事です。調査の数だけ報告書があり、モノではなくサービスを売るのが探偵という「商売」ともいえます。ですから、報告書が唯一の「商品」といえます。

そのため、一切の手抜きは許されません。

どんなに調査スキルが上がっても、正しい報告書を作れないうちは、まだまだ探偵として初心者マーク。

もちろん難解な医学用語を使い、英語と日本語で書かれた病院のカルテとは違って、探偵の調査報告書は平易な日本語で書かれています。

しかし、それを作る探偵は何も考えずに書いているわけではありません。守らなければいけないいくつかの大原則というものが存在します。そんな原則を知らない入社一日目の調査員が報告書を作ると、以下のような文章になります。どこが調査報告書として正しくないか。読者の皆さんにはお分かりいただけるでしょうか？

（入門者の書いた報告文章）

17:00　会社（★1）から調査開始。

17:31　対象者が浮気相手らしい女性（★2）と一緒に出てくる。

17:40　対象者と女性が、車（★1）に乗り込む。

17:57　車がラブホ（★3）に入る。

20:03　車がラブホ（★3）から出てくる。

20:30　対象者と女性が駅（★1）で別れたので、女性の方を尾行。
この女性はコンビニ（★3）に寄ってから自分のマンション（★1）に帰宅（★2）。本日の尾行調査を終了。

正しくない部分には★マークを付けておきました。ちょっと解説をしてみます。

2. プロはやっぱり頼りになる！探偵流ストーカー対策

統計数字「九〇％」が語るストーカーの実体

ストーカーから発展した凶悪な殺人事件など「なんとなくストーカーは怖い」というイメージが広がっている現在。しかし、慰謝料の知識と同じく、その情報が正確に知られているとは限りません。各都道府県の警察署がストーカー被害の相談を受けたのは平成十五年では総数二万件以上にも及びます。そこでまず、ウォーミングアップとして警察庁の統計資料から、現代ストーカーの実体を分かりやすく解説します。**キーワードは「九〇％」**という数字です。

・ストーカーの九〇％以上は、顔見知りによる犯行

「まったく見知らぬ人間につきまとわれる恐怖」という設定はミステリー小説やスリラー映画の定番。しかし統計を見る限り、面識のない者がストーカーだったのは、全体のわずか七・

六%。あとの九〇%以上は、家族や交際相手、配偶者、そして同僚といった「顔見知り」がストーカーだったというケースです。

・被害者の九〇%以上は女性、加害者の九〇%以上は男性

被害者の性別を見ると、やはり圧倒的に多いのは女性で九〇・八%。逆に加害者(ストーカー)の性別では九一・一%が男性。加害者に男性が多く被害者に女性が多いというのはイメージどおりかもしれませんが、これほどまでに極端な開きがあるとは少し驚きです。なお、被害者を年齢別に見ると二十代(四〇・七%)、三十代(二八・七%)が飛び抜けて多く、加害者を年齢別に見ると少し年齢が上がって三十代(三〇・三%)、二十代(二六・八%)、四十代(一九・四%)の順に並びます。つまり、もっとも多いストーカー像は**「三十代の男性が二十代の女性をストーキングする」**というイメージでしょうか。これは、かなり世間の認識に合っているような気がします。

・ストーカー理由の九〇%以上は、被害者への好意

動機が判明しているストーカーのうち、「好意の感情」が全体の五九・六%、「好意が満たさ

れず怨恨《えんこん》」が三二・八％。なんと、この二つだけで全体の九〇％を超えてしまいました。その他、職場トラブルや被害妄想など残り全部を集めても一〇％未満に過ぎません。たしかに恋愛は個人の自由とはいえ、ストーカー理由の九割以上が好意（愛情）によるものとは複雑な感じがします。

・ストーカー手段の半分以上は、直接的な行為

ここでは九〇％という数字から離れますが、具体的なストーカー手段の数字を挙げてみます。もっとも多いのは**「つきまとい、待ち伏せ」で、全体の五一・二％**に登場します。その次に多いのは「面会、交際などの要求」で、こちらは全体の四九・九％に登場（複数計上なので合計は一〇〇％を超えます）。つまりストーカー事件が百件あれば、そのうち五十件以上に必ず「つきまとい」、「交際の要求」など直接的な手段が登場するということです。その一方、汚物を送りつけたり、いつも監視していると被害者に告げたりする間接的な手段は、それぞれ全体の一〇％以下。どうやらストーカーは、被害者と直接コンタクトを取りたがる傾向があるようです。

ストーカー調査

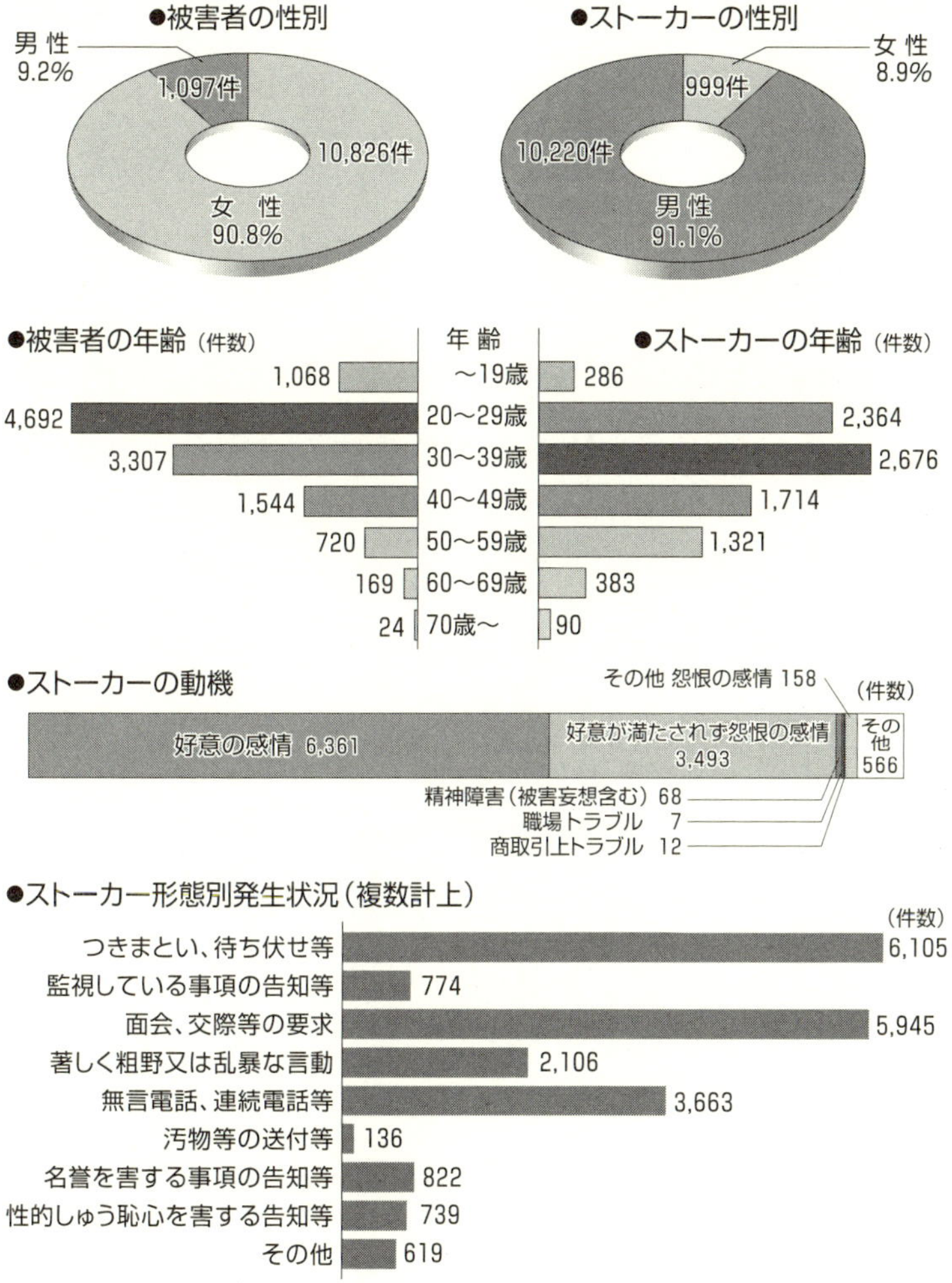

※資料出所:警察庁 統計資料「ストーカー事案の対応状況について」（警察庁ホームページの平成16年2月26日掲載より）

百パーセントの対策は存在しない。だからこそ、プロを味方につけよ

多くのストーカー案件に関わってきた立場から言わせてもらうと、ストーカー対策に「百パーセント完璧な方法」はない、というのが実情です。ある程度の対策パターンが決まっている浮気・慰謝料問題とは違い、ここがストーカー対策の難しいところでもあります。

たとえば、雑誌の特集記事によくある「ストーカーは徹底的に無視する」という対策。たしかに無視されてストーキングをやめる場合もあるでしょうが、さらに激しい、直接的な暴力行為におよぶ場合もあります。

逆に「逃げずに真っ正面から話し合う」という対策を勧めている場合もあります。しかし、ストーカーの中には「話し合いを申し出てきた」イコール「自分に好意がある」と勘違いする人間も多く、そんなタイプと正面から話し合おうものなら、ストーキングは強まる一方。経験を積んだ人間（探偵も含む）の協力なしに、一般の人だけで解決しようとするのは大きな危険が伴います。

もうひとつ、ストーカー対策を難しくしているのは「ストーカーの熱意」の強さ。これは経験した人なら身に染みて分かるでしょう。

個人差はあるものの、**ストーカーの多くは、それこそ「人生のすべてを賭けて」ス**

トーキングしてきます。たった一通のラブレターを三日三晩かかって書き上げたり、仕事上の権限を利用して被害者の個人データを調べ上げたり、降り積もる雪に埋もれながら八時間以上も被害者の帰宅を待ったり、定期預金を解約して被害者に送りつけるプレゼントを購入したり……。

今まで探偵という立場から見てきたストーカーの多くは、そこまでやるかと呆れてしまうほどの熱意・行動力を持っていました。

一方、**被害者の方は、二十四時間ずっとストーカーの相手をしているわけにもいきません**。それぞれ仕事や学業、家族があります。すべてを賭けて付きまとうストーカーと、仕事や家庭を守りながら対処しなければいけない被害者。この図式こそが、ストーカー対策のもっとも難しい点といえるかもしれません。弁護士や警察、探偵といった「経験のあるプロを味方につけよ」とアドバイスする理由は、まさにこの点に集約されます。

ストーカー対策三点セットで、警察を動かそう

いろいろ存在するストーカー対策の中で探偵がもっとも推奨するのは「警察へ届ける」という方法です。意外と普通でがっかりされるかもしれませんが、これに勝る方法は今のところ見つかっていません。

ところが現実の被害者からは「警察に届けたけど何もしてもらえなかった」という声が多く聞かれます。きちんと応対してもらった人もいますが、中には「もっと被害が出てから来てくれるかな」と警察の本音（？）を聞いてしまった被害者もいます。ストーカー規制法が本格施《し》行《こう》された現在でも、まだ状況が劇的に改善されたとは言い難いようです。

そこで、こんな状況になったときこそ探偵の出番。捜査機関の重い腰を上げさせるため、浮気調査で鍛えた「証拠収集のテクニック」が威力を発揮します。

被害者本人からの申し出に加え、第三者である探偵が「ストーカー行為の確実な証拠」を添付すれば、これだけで警察の対応は驚くほど違ってきます。

被害者の届出 ＋ **詳細な報告書** ＋ **確実な証拠写真**

という三点セットが揃ったとき、ストーカー対策は大きな前進を見せます。

さらにもうひとつ、「身を隠す」という別ルートからのストーカー対策もあります。

一般の人なら身を隠すといっても、友人の家に泊まったり、**民間のシェルターに避難**したりといったところでしょうが、探偵がサポートすればもっと強力な隠れ方が実行できます。とはいえ、これは防犯上の理由から詳しく方法を紹介できません。どうしても身を隠す必要があるなら、第四章を参考に選び抜かれた探偵社へ相談いただくとして、本書では証拠収集という点に焦点を当てて対策法を紹介していきます。

まずは、ストーキング手口を知ろう

ストーカーには、その証拠を取って警察へ届けるのが現状ではベストな対策。そのために加害者がどんな方法を使って被害者を追いつめていくのか、まずは代表的手口について紹介します（証拠収集については137頁を参照）。

なお、防犯の都合上、あまり詳しく書けない手口もありますが御了承ください。

何かを要求する直接手口

・自宅や職場に押しかけて、面会や交際を要求する
・しつこく手紙を送り続ける
・無言電話を繰り返す
・勝手にプレゼントを送りつける

これは、被害者に直接分かる方法を使ってストレートに感情を伝える手口。たいていは満た

されない愛情か好意ですが、ストーカーになった理由によっては恨み言を延々と書き連ねた手紙を送り続けたりすることもあります。頼んでもいないプレゼントを送りつけるのは典型的な手口で、その内容物は被害者が普段から好きな物か、被害者に「こうあってほしい」と加害者が勝手に要求するようなプレゼント（清楚《せいそ》なドレスなど）か、または恨みによるストーカーなら暴力的・不快な物か、三種類に大別できます。

個人情報を知る間接手口

・尾行と張り込みで生活パターンを把握する
・回収したゴミから生活情報をあさる
・盗聴器、発信機を仕掛ける

こちらは、被害者に悟られないように個人情報を入手していく手口。自宅しか最初は知らなかったはずなのに、いつの間にかストーカーが職場にまで出没するようになったら尾行された可能性は大。また、生活ゴミの詰まったビニール袋は個人情報の宝庫。これは場合によっては探偵も調査に使う方法です（出されたゴミの回収は通常なら法に触れません）。

市販されている盗聴器や発信機も、しばしば知識があるストーカーに使われ、被害者の日常生活を覗き見られてしまう危険性があります。

プレッシャーを与える変則手口

・交際相手や家族など周囲の人間を調べ上げる
・被害者の転居に合わせて、自分も隣に引っ越す

こちらは、何かを要求する《直接手口》や個人情報を知る《間接手口》とは少し違い、おもに被害者へ精神的プレッシャーを与えるのが目的の手口です。ずっとストーカーの要求を無視し続けたところ、自分の娘が通っている幼稚園の下校時を撮影した写真が郵送されてきて「このときばかりは背筋が凍り付いた（本人談）」という被害者もいます。

同様の例として、別れた夫が元妻（被害者）の留守中に家を訪れ、玄関先に何本もタバコの吸い殻を捨てていき、被害者が戻る前に姿を見せず帰ってしまったというケースもあります。「何時間も玄関先で待ったぞ」とでも言いたかったのでしょうか。

自分でできる防衛策と証拠保全《しょうこほぜん》

ストーカーの代表的な手口を押さえたら、今度は自分でやっておきたいストーカー対策の方法を紹介します。被害者になったとき、自分自身でやるべきことは、**ストーカーから身を守る「防衛」、そして探偵の協力を得て本格的な対策に転じるための「証拠保全」の二つ**です。

防衛――ストーカーされにくい環境づくりを!

- ご近所に防衛ラインを張っておく
- 生活リズムや通勤ルートを固定しない
- 常に避難場所を見つけておく
- 職場には配置転換や口止めを頼む
- ゴミを出すときは慎重に

防衛面で大切なのは、真っ正面からストーカーに立ち向かうのではなく**「ストーキングされにくい環境にする」**こと。不審者が周辺をウロウロしていると近所に話をしておけば、それは小さな子供を抱える近所の主婦にとっても放ってはおけない問題。自然とご近所のセキュ

避難口
どこでも
ドア
シュレッダーした
ゴミ

防
ご近所防衛ライン

リティ意識が高まります。また、**生活リズムや通勤ルートを固定しない**というのは要人警護の基本ですが、ストーカー対策にも同じことが言えます。さらに移動ルートには緊急時に駆け込める場所（交番や二十四時間営業の店舗）をいくつかピックアップしておき、不意の襲撃に備えます。

一般的にストーカーは暴行事件にまで発展しにくいといわれていますが、最近の物騒な事件を見ていると用心に越したことはないでしょう。

また、自宅を引っ越すのは自分の意志で可能ですが、職場を変えるのは簡単ではありません。特に被害者が接客をするような店舗だと、客として訪問するストーカーを拒絶しにくいという問題があります。可能な限り職場には事情を説明し、勤務地を変えてもらったり、接客業務から外してもらったり適切な対処を求めたいところです。もちろん、いくら勤務地を変えたとしても、同僚が客（ストーカー）から質問されて「○○ちゃんなら○○支店に移りましたよ」と情報を漏らされては意味がありません。**周囲への口止めも忘れずに**しておきましょう。

ゴミの回収については、ストーカーの手口でも述べたとおり。できるだけ**ゴミ収集車が来る直前に出すように心がけ、手紙や請求書など個人情報の分かる物はシュレッダーで細かく**してから捨てます。市販の安価なシュレッダー（ストレートカット方式）で裁断した文書はストーカーがその気になれば解読も不可能ではないため、裁断後の紙クズを二〜三分割して別々の場所に捨てればさらに万全。または、少し値は張りますが、もっと細かく裁断できるシュレッダー（クロスカット方式など）を用意しましょう。

証拠保全――探偵にバトンタッチするための準備

・相手の言動をこっそり録音
・ストーキングの日時を詳細に記録
・送りつけられたモノ・手紙はできるだけ保管
・車のナンバーなども詳細にメモ

証拠保全を被害者自身でやるときのポイントは、**「ストーカーを刺激しないこと」が第一**です。これ見よがしに防犯カメラを玄関前へ付ける人もいますが、かえって逆効果になることもあります。あくまで**自分で証拠保全するのは「探偵にバトンタッチするための準備」**と考えましょう。

尾行や張り込みは探偵に任せるとして、**電話内容の録音**は警察へ被害を届ける場合でも重要な証拠。後先を考えない感情的なストーカーには「〇日以内にオレと復縁しなかったら〇〇するぞ！」と典型的な脅迫口調で話す者もいますから、これを押さえておくのは非常に有効。**携帯電話や自宅の固定電話を録音機に接続し、ICレコーダーに録音**しておきます。

ただし、安いICレコーダーを使うと録音品質が悪くなりますから、証拠取得用には少しばかり値段が張っても音質を重視して選びたいところ。よく分からないときは電器店の店員さんを捕まえて「ＭＰ３」か「ＷＭＡ」形式で録音できる製品を探してください。同様に、**ストーキング行為の細かい状況や日時を書き残しておく**のも大切。これ単体では有効な証拠になりませんが、他の証拠を強化するのに役立つことがあります。

一方的に送られるプレゼント類を捨ててしまいたい気持ちはよく分かりますが、これも品物によっては証拠となる可能性があります。**保管できるものは証拠として残しておきましょう。**

ある被害者（男性）は、帰宅したら玄関のドアノブに弁当がつり下げられているのを見て「ちょうどハラが減ってたから食べちゃったよ」という強者（？）ですが、これは単に幸運だっただけ。普通なら絶対に真似してはいけません。

ストーカーの中には、被害者が自動車で移動するのを尾行する者もいますが、尾行に気づいたら**車両ナンバーは記録しておきたい**ところです。ストーカー自身の所有車であれレンタカーであれ、これも証拠を固める重要な手がかりになります。

私~~が~~を愛した男たち ストーカーコレクション
マサヒロさん 証拠保全
タクヤさん 証拠保全
シンゴくん 証拠保全
ツヨシくん 証拠保全
ゴロウさん 証拠保全
ちゃうちゃう アンタがストーカーやったろ?!
ハングル NHK
書類
書類
レターケース

やってはいけない危険な行為

やっておきたい自己防衛は前項に紹介しましたので、今度は逆に「やってはいけない間違った対策」を紹介します。

雑誌やインターネット上の対策サイトには「いかにも正しそうな対策」が掲載されていますが、中には根拠の怪しいものもありますから十分に注意しましょう。

・曖昧《あいまい》な態度をとり続ける

ストーカーを刺激したくない、または傷つけたくないという気持ちから、拒絶とも受け入れとも取れる態度を見せ続けるのは最大の失敗。「あなたのことは今でも大切に思っているのよ。でも、やっぱり今の彼氏が……」という、どっちつかずな発言をするのは、「じゃあ、その彼氏がいなくなればいいんだな」とストーカーに思わせることになり非常に危険。

曖昧な態度は普通の人間をストーカーにさせ、すでにストーカーである人間をより厄介な存在にしてしまいます。

・一人で乗り込んでストーカーと話し合う

とても勇気ある行動とは認めますが、これは決して褒められた行動ではありません。

今まで当社が関わってきた案件でも、ストーカーに強姦や傷害の前科が複数あったり、いつも刃物を持ち歩いていたりという物騒なケースがありました。もちろん、よほど運が良ければ短時間で解決はするかもしれませんが、探偵の立場からはお勧めできません。

・友人や知人を巻き込む

なぜか雑誌などでは「男性を自宅へ呼んでストーカーに諦めさせよう!」といった対策を見かけることがありますが、その程度で諦めるような人間なら最初からストーカーにはなりません。空き巣や下着ドロボウ対策として「男性物の洗濯物を干しておこう!」という防犯ノウハウがあるため、そこから生まれた誤解だとも思えます。

このように中途半端な拒絶はストーカーを凶暴にするきっかけともなり、また一緒にいる友人や知人まで報復のターゲットにされる危険が少なからずあります。

前記の例で共通するのは**「自分自身だけで下手に解決しようと考え、かえって失敗する」**という点です。先にも述べたとおり、「すべてを賭けて付きまとうストーカー」と「日常生活をおろそかにできない被害者」では最初からフェアな勝負とは言えません。**探偵、そして警察のサポートを受けて、ようやくストーカー対策と呼べる**のです。

探偵を援軍（サポート）として使うときの心得

よくいわれているように、探偵は対象者から気づかれずに尾行して、決定的な証拠を収集する「職業ストーカー」ともいえる存在です。ストーカーの心理分析まではともかく、少なくともストーキングの方法論については本物のストーカー以上に詳しく知っています。

証拠収集テクニック ＋ ストーキング方法の豊富な知識

この二点が、探偵にストーカー対策を依頼することのメリットです。

それらを踏まえて、探偵がストーカー対策にどんな役割を果たすのか、代表的な四つを紹介します。

・ストーカーの決定的証拠を押さえる

これが探偵の代表的なストーカー対策です。たびたび被害者の自宅や職場を訪れたり、公衆電話から無言電話をかけたりといった**「客観的に分かる証拠」を撮影**し、被害を届ける際の強力な証拠とします。

・盗聴発見、尾行者の発見

被害者のプライバシーを脅かす盗聴器や、行き先を嗅ぎまわる尾行は、間接的なストーキング手段として多用されます。盗聴発見はよく一般にも探偵の仕事として知られていると思いますが、**尾行者を発見するのも探偵の得意分野**。何しろ、ストーカーと比べたら尾行の年季と場数が違います。これをやるときは、通常の浮気調査とは少し違ったフォーメーション（隊列）を組んで、被害者自身を探偵が巧妙に尾行します。そうしていくうちに、探偵の他にも被害者を尾行している不審な人物を見つけ出し、今度はその人物を調べていくという寸法です。

・ストーカーの身元特定

依頼者が持ち込んだデータや探偵が調べた情報を元にして、ストーカーの詳細な身元を割り出します。ストーカーは自分が「付きまとわれる立場」になるとは予想すらしていないため、よほど特殊なケースを除き、意外と簡単に調査できる場合もあります。警察へ届けるときも、ある程度は**相手のデータが揃っている方が効果的**です。

・防犯コンサルティング

これまた一般にはあまり知られていませんが、防犯に関するアドバイス（コンサルティング）も探偵の守備範囲です。**盗聴や盗撮からプライバシーを守る方法や、電話での会話内**

容を簡単に傍受されないための知識など、普段から防諜《ぼうちょう》の専門家として活動している知識・経験が役立ちます。また、被害者が転居するときに**「ストーカーならどんな手口で転居先を突き止め、どこから侵入してくるか」を高い精度で予測**できるのも探偵ならではのスキル。相談だけなら無料の探偵社もありますので、こういった知識は積極的に活用していきたいところです。

ストーカー対策を任せる探偵の選び方

警察官は良くも悪くも日本全国それほど変わりないと思いますが、こと探偵になると話は別。企業依頼と並んで難しい「ストーカー対策」分野ですから、どこに頼んでも同じとは言えません。より詳しい探偵の選び方は第四章にありますので、ここではストーカー対策に関係する部分を簡単に紹介します。

まず大切なのは知識と経験。どの行為がストーカーになるか、その案件のストーカーはどういうタイプか、どの方法で証拠を取るか、どのくらいの証拠が揃えば有効か、じっくり被害者(依頼者)から話を聞いて、的確な判断を下せる探偵社を選びたいところです。ストーカーを単なる痴話ゲンカの延長としか考えていない探偵社や、ひどい場合には「ストーカー対策に実績!」と宣伝しながらストーカー規制法の施行を知らなかった探偵社もあります。見分け方としては、**ストーカーに関する基本的な質問をしてみて、きちんと返答できるかどうかが重要**。質問するのはインターネットや書籍で調べられる簡単な内容で十分です。また、依頼者ごとの異なった事情をよく聞きもせず「ストーカーが来たら問答無用にクルマの中へ連れ込んで謝罪文を書かせるんだ！」と自説ばかり強調するような探偵社も知識・経験不足な危険性があります。

もうひとつのポイントは、どのくらい**良心的な探偵社かという「モラル」の部分**。ストーカー対策は他の案件と比べても緊急性が高いことが多く、依頼者はとても焦っています。そこを狙って脅迫的な言動で高額契約をさせたり、すぐ解決できそうな案件を意図的にズルズル引き延ばして追加請求したり、そんな悪徳探偵社もあります。このあたりを事前に見分けるには、**宣伝広告、依頼者への対応、契約内容をよくチェックすることが大切**です。第四章も参考にしながら、きちんと頼れる探偵社を味方につけましょう。

ストーカーを生み出さない別れ方

探偵の立場からストーカー対策を書くと、どうしても「事後の対処」が中心になってしまいますが、相手をストーカーにしてしまわない予防も大切です。この章の最後として、探偵の立場から重要ポイントを挙げておきます。本書が扱うテーマは恋愛論ではありませんので、むしろノウハウというより「ストーカーを生み出さない別れ方の注意点」という感じでお読みください。

・曖昧な別れ方をしない

対策のところでも少し触れましたが、曖昧な態度を取らないというのは別れるときも重要。たとえば実際の例ですが、都内の飲食店で働く女性が交際する気のない男性に対し「九州の実家にいる親が病気で倒れたからお店を辞めなければいけないの」とウソをついて離れていったために、この男性はストーカー化。結局は彼女を探すために九州の彼女の実家へ何度も現れ、その対応に疲れ果てた両親が本当に病気で倒れてしまうという不幸な結末になったこともあります。

・相手のプライドを傷つけて別れない

世間では、**ストーカーは自己中心的でプライドが高い**といわれています。これは探偵として多くのストーカー本人に関わってきた経験からも、わりと当たっていると思います。プライドを傷つけるというのは、たとえば「他にも好きな人ができたから別れたい」「あなたの○○な性格が気に入らないのよ！」というような別れ方。中には「私を嫌いになってもらうため、わざと徹底的に心にもない悪口を言ったのよ」と話す女性被害者もいますが、本来ならストーカーにならなかったはずの人間をストーカーにしてしまうという点では、あまりお勧めできる別れ方とは思えません。

・自然消滅に頼らない

「もうあの男とは終わったと思っていたのに、なぜ今も付きまとうの⁉」というのは、出会い系での交際や遠距離恋愛によく見られるパターン。**被害者側はすでに交際が終わったと思っていても、ストーカー側は終わったなど夢にも思っていない**ようなケースは少なくありません。付き合うのが面倒になったから自然消滅させよう、メールと電話を着信拒否しておけば勝手に諦めてくれるだろう。……そんな考えは、お互いのために決してよくありません。「連絡が取れないから『遠距離だけど』会いに行って確かめよう！」「連絡が取れないから『住所を調べて』彼女の身に何が起こったのか確かめよう！」と、これもストーカーを生み出してしまう原因になります。

以上、ごく簡単に要点を述べました。もちろん理由はどうであれ「許されるストーカー」などいませんが、かつての交際相手がストーカーになってしまうというのは後味がよくないもの。お互いの気持ちを尊重して、付き合うときも別れるときも「いい形の恋愛」を心がけたいところです。

探偵同士の接近遭遇

探偵社を経営している人は別として、一般の調査員が他社の探偵さんと会う機会はそれほど多くありません。業者同士の忘年会などに出席しない限り、出会う瞬間はいきなり偶然にやってきます。

たとえばプライベートで友人と食事に行った帰り道、大通り沿いにあるラブホテル前でライトも付けず、じっと「何か」を待っている様子の乗用車とバイクを見かけたりすることもあります。

「こんな遅くまで大変ですね」と声をかけたくても自分は休日。しかもお互いに探偵であっても身分は明かせません。

そっと心の中で「いい証拠写真が撮れるといいですね」と呟き、そのまま去っていきます。

しかし探偵の接近遭遇は、こういう「ちょっといい話」ばかりではありません。とても困るのは尾行している対象者の浮気相手にも別の探偵さんが張り付いていた場合。浮気相手も結婚しており、その配偶者から同じタイミングで浮気調査を依頼されたのでしょうか。張り込み位置を工夫しても、撮影機材を擬装していても、お互い同業者だと簡単に気づきます。

そして現場に流れる、なんとも気まずく重い空気。

もちろん目的は同じとはいえ、「やあ、大変ですね!　ところでお互いに対象者の住所を教えあいませんか?」などと言えるはずもありません。

同業者の間柄とはいえ「依頼に関する機密保持」は例外なく絶対のルールですから。

そんな尾行者たちの苦労(?)も知らない対象者たちが、仲よく張り込み先から出てきました。ここからは完全にライバル同士です。それぞれが自社の尾行原則にしたがって、同じ不倫カップルを尾行開始。途中で対象者たちがサヨナラするまで、奇妙な呉越同舟が続きます。

こうして、お互いに名前も所属も知らない探偵同士が夜の街で出会い、名前も所属も知らないまま別れていきます。

偶然の出会いから友情が芽生えたり不倶戴天の敵同士になったり、そんな探偵小説のようなドラマチックな展開にはならないようですね。

第三章
情報社会が生み出したネットストーカー

1. あなたのパソコンは見られている！　事例編

ケーススタディ1

個人サイトの誹謗中傷《ひぼうちゅうしょう》、そして個人情報の流出

はじまりはサイトの掲示板荒らし

依頼者は三十代の専業主婦。もてあまし気味の時間を使い、ネットでの買い物やサイト運営が趣味だ。

「子供が小さいから外には出られないし、豪遊するほど体力も家計の余裕もないし。インターネットならパソコン一台でOKでしょ。それに、趣味がネットだなんて何だかカッコいいし」

彼女の管理するホームページは主婦の平穏な日常を日記にした、いわゆるテキストサイトと呼ばれるものだった。市販のホームページ作成ソフトを使った簡素なサイトだ。しかし、独特の文体が好評だったのと、顔写真も載せたこと、さらには定期チャットにも頻繁に顔を出す積極的な運営だったため、個人サイトにしては固定訪問者が多い方だった。

お互いがハンドル名（ネット上のニックネーム）だけで呼び合うだけの仲。相手の顔も分からないし、もちろん住所や本名など素性も不明。けれど、居ながらにして世間と通じていることに満足し、アクセスカウンターの数が増えることに充実感を覚えていた。

そんな心地よい調和が破られたのは、ある日突然だった。

『異端児』（仮称）と名乗る訪問者が「このサイト、つまらないね。社会的にも一般的にも存在の意味がない。仲良しクラブの傷の舐め合いだ」と掲示板に書き込んだ。

即座に常連訪問者がバッシングし、『異端児』も反論する。

【アナタのやっていることは荒らしです。すぐにやめなさい】

【荒らしで結構。どうせこんなサイトに書き込んでる連中なんて暇を持て余したブタクソババアばかりだろ】

【気にいらないんなら来なけりゃいいじゃないか。何が目的なんだ】

【目的なんかあるかよ。あんたらと一緒。ただの暇つぶしさ】

【君は若いの？　歳はいくつ？　どうせ友達もいないアキバ系のオタクだろ】

【オタク上等。あんたらみたいな無知蒙昧《むちもうまい》な輩《やから》よりなんぼかマシ（藁）】

【個人サイトといえども公共の場。発言を慎むか本名を明かしなさい】

【説教タレるんじゃねえよ。こんなサイトが公共？　舐めるんじゃねえぞゴルァ！】

それまで平穏だった掲示板が誹謗中傷、暴言だらけになった。

個人情報流出――モニターから覗かれている!?

見るに見かねた依頼者は『異端児』に対してやんわりと忠告の書き込みをおこなった。

【文面をお見受けしたところ、まだまだお若いようですね。

中学生？　それとも高校生かしら。

別に大人ぶって言うわけじゃないけれど、このホームページは一般社会や世間に対して何かを発言したり、提案したりする場ではありません。

単純に私たちが自分たちの悩みを話したり、楽しかったことを報告する場です。

いわば、ネットの井戸端会議ってところかしら。

アナタにはアナタに相応しいサイトが存在するはずです。

お願いですから私たちの楽しい会話を邪魔するような真似はやめてください。

けれど、訪問者を限定しているわけではないので、アナタがきちんとした意見や相談を書き込んでくれるのは大歓迎です。

そういったことが分かるようになるまで訪問はご遠慮ください】

依頼者の言葉が効をなしたのか、しばらく『異端児』からの書き込みはなくなった。しかし、安心したのも束の間。改めて書き込みが始まった。しかも、依頼者が驚愕《きょうがく》するような内容だった。

【ここの運営者はS県K市N町に住んでますよ】
【イニシャルはK・Kで、朝の連ドラに出ている主演女優と同じ名前】
【○月×日にネットで買い物してます。しかもセコい買い物】

全て本当だった。依頼者は背筋が凍り付くような思いを受け、それらの書き込みを全て削除した。

だが、悪意のある書き込みは続く。

まるでどこからか覗かれているような、監視されているような気分。キーボードに向かえばモニターから自分の姿を見つめられているような不安感。

精神的に追いつめられ、眠れない日が続き、とうとう日課だったパソコンの立ち上げもおこなわなくなる。

「個人情報を悪用されてるんだから警察に届ければ?」

相談を受け、心配になった夫は言った。

しかし、相談に足を向けても適当な担当部署が見当たらない。散々たらい回しにされ、挙げ句の果てには「知ってる友達のイタズラじゃないの?」「そのサイトごと閉鎖しちゃえば解決するよ」と、全く真剣に取り合ってもらえない。

悩んだ末、依頼者は常連訪問者に対する詫びの一文を書き込み、掲示板を閉鎖した。

これで個人情報暴露の被害は終息するかと思った。だが、執拗な『異端児』は別の手段を考え出す。

【アナタのことが私のホームページに書き込まれています。もちろん、すぐに削除したけれど、しつこく何度も】

依頼者のネット友達から携帯メールが届いた。確認するとたしかに同様の個人情報が書かれている。もちろん、自分のサイトではないので閉鎖を申し出るわけにもいかず、どうしていいのか困惑する。

「警察もアテにならないなら探偵社に頼むとか。最近はネットやＩＴに詳しいところも多いらしいよ」

自分の趣味が高じた結果なので夫の手は借りたくない。あくまでも自己責任で処理したい。しかし、この場は夫の忠告を受け入れ、いくつかの探偵社を探し回ったのだった。

ログファイルから判明した断片情報

「それで当社へご相談に来られたんですね」

「はい。一番、ホームページが見やすくて、それでいてしっかり作られている印象を受けたものですから」

「恐れ入ります」

「ところで、今回の件はどう思われますか?」

「そうですね」

ネットストーカーには大きく分けて二種類ある。

まず、一方的に恋愛感情を抱いて個人情報を集め、それを使って現実にストーキング行動を起こすタイプ。いわば「従来型」だ。そして今回のように、集めたターゲットの個人情報を不特定多数にばらまくタイプ。いわば「愉快犯型《ゆかいはんがた》」とでもいえる新しいタイプ。

どちらにしても悪質であり、しかも後者はネット上で起こることだから匿名性《とくめいせい》が高く、証拠も残りにくい。

「そうですか」

依頼者は不安の色を隠せないでいた。

「けれど、アクセスしてきたアドレスを解析して、書き込みをやめさせることは」

「よくご存じですね」

「ええ、他のサイトにそのようなことが書かれてましたから」

ハンドルネームを使い、メールアドレスを公表しなければ誰が書き込んだのか分からないというものではない。サーバーからIPアドレス(ネットワーク上の住所に相当する)を突き止め、そのアドレスの持ち主だけを書き込み不可(DENY)にすることも可能だ。

「ですが、インターネットカフェなんかを利用されると、特定は難しいです」

今回の相談を聞いていて、いくつか想像できる手口があった。おそらくトロイの木馬タイプのウイルスか、キーロガー、または不用意な常時ネット接続の隙をついた不正侵入など。だが、あまり詳しくない依頼者は不安と恐怖のあまり、そのパソコンの中身を初期化したあとだった。

「掲示板も削除したんですよね」

「はい」

「では、掲示板のログファイルは？」

「え？」

「書き込みを記録したテキストファイルのことなんですが。それはまだサーバー上に残っているんですね」

「はい。というよりも……」

幸いなことに依頼者はログファイルの削除方法を知らなかった。

この加工されていないファイルを読んでみると、たしかに一時期、掲示板上ですごいやりとりがあったことが分かった。

ここから判明したのは、対象者『異端児』のアクセス日時、環境変数、ＩＰアドレスなど断片的な情報。ほぼ固定ＩＰを使っていることから、それほどネット上での証拠隠滅には気を遣っていない様子だ。それとも依頼者がパソコンに詳しくないことを知っていたので油断していたのか。

とはいえ通常は、これだけの断片情報ではどうしようもない。裁判所から令状が出ない限りプロバイダ（ネット接続業者）も本人情報は開示してくれないのが普通だ。というのは一般常識の話。

条件さえ揃えば、この情報からでもアクセス者本人、厳密には「どの場所からアクセスしてきたか？」を詳細に、しかも合法的に割り出すこともできる。

今回はアクセスログを読んだ時点で「ああ、これなら場所の割り出しはできそうだ」と判断したので、我々は依頼を受けることにした。

マンガ喫茶の客から、犯人を絞り込んでいく

調査の結果、この書き込み者は少なくとも都内二ヶ所のマンガ喫茶から個人情報を流していたことが判明した。

片方は個室制のインターネット環境で会員登録あり。もう片方は、開放的なタイプのマンガ喫茶。

ここまで分かればあとは張り込み、尾行の探偵手法を使って本人を確認するだけだ。

依頼者にはこまめに友人の掲示板を確認してもらい、性懲りもなく続く悪質な書き込みの時間帯を記録してもらった。そして、それを元に探偵がマークした人物の行動との照合作業が根

気強く続く。

最初は四十人以上いた「候補者」も調査を重ねるごとに二十五人、十人と減っていき、ようやく一人まで絞り込めた。

その男、というよりその「少年」の顔立ちは、どこから見ても二十歳前。少なくとも二日に一回は必ず、夜の八時台に行きつけのマンガ喫茶へ入り、漫画を読んだり有名な巨大掲示板を延々と見て回ったり、そして依頼者を含めた個人サイトを見ながら争いの火種を投げ込んだり。確認しただけでも相当に自堕落な生活を送っているように思えた。

マンガ喫茶の近くにある予備校へ通っていることもほどなく判明。どうやら浪人生だったようである。

ひととおりの証拠収集と、その少年の素性調査の結果も添えて依頼者へ報告書を提出。

「顔も名前もぜんぜん知らない子だわ。掲示板の書き込みから見ても子供じみたヤツだな、と思ってたけど、まさか本当に子供だったなんてね」

依頼者の少し皮肉めいたコメント。

さて問題は、ここからどう対処していくか？　である。

これが企業レベルの不正アクセスなら訴訟を考えてもいいだろうが、いかんせん今回は個人サイトの誹謗中傷。もちろん悪質な内容であったため十分に違法性はあると考えられたが、相手が未成年というのも問題だ。

果たして依頼者はどうするのか？

「どうせ警察も本気では動いてくれないし、まあ刑事罰は許してあげるわ。かといって、受験生相手に民事訴訟で損害賠償請求するのも大人げないし。でも、ちょっとだけ坊やに『大人の怖さ』を見せてあげないとね」

ほどなく、いつもどおりマンガ喫茶に入ってきた少年の隣に「お隣、いいかしら？」と一人の女性が声をかけて座った。

これはもちろん依頼者である。

無愛想に頷く少年に向かって「よくここへは来るのかしら？」と再び依頼者が質問。さすがに不審に思ったのか「誰？」と少年は尋ねる。

「いやねぇ、よくお話ししてたじゃない。異端児クン」。

しばらく何が起こったのか理解できない少年は、あんぐりと口を開けたまま依頼者の顔を見つめる。そして、かつて自分が荒らしたサイトにアップされていた写真と同一人物であることを知る。

「どうかしら、ホームページの写真より実物の方がきれい？」

「え……、いや……」

「でも、最近の子ってすごいわね。他人のパソコンの中まで読めちゃうなんて。でも、それは犯罪なのよ。分かるわね、○○クン？」

今度はハンドルネームではない。少年の本名だ。

「な、なんでそんなこと知ってるんですか？　僕のプライバシー侵害ですよ！」

「あら、アナタからそんな言葉が聞けるなんて思わなかった。散々、私の個人情報を流しておいて。それとも私の顔写真を見て、お気に召したのかしら。年上がお好みなの？」

「え、え……」

「ちゃんと言ってくれたらいいのに。私も若い男の子は嫌いじゃなくてよ。でも、アナタみたいな卑怯な子は大嫌いだけど」

最初はとまどいながらも強気だった少年。だが依頼者の毅然《きぜん》とした態度に観念し、顔を伏せ、口ごもりながらポツリポツリと掲示板荒らしと個人情報流出の経緯を話し始めた。

受験失敗のストレスを発散しようと思ったのが最初のきっかけ。しかしインターネット上の巨大掲示板では、同じようなことをする人間が多いので自分がやっても目立たない。そこそこ人気のある個人サイトの掲示板ならダイレクトに書き込みの反応が見られるし、警察が出てくる危険もないだろうと考えたそうだ。

海外製のハッキングツールを複数使い分け、セキュリティ知識が少なそうな女性サイトを探し回っているうちに依頼者のサイトを偶然見つけたらしい。あまり手口を詳しくは書けないが、依頼者がメールで面白い画像や待ち受け画面を交換している点に、少年は着目した。まったく別の訪問者を装って依頼者にメールを送り、その返信メールからＯＳやメールソフト名、そしてバージョン情報、さらにネットセキュリティ知識の多さなど情報を仕入れてから罠を仕掛けた。セキュリティ関係のソフトを稼働させるという概念のなかった依頼者のパソコンから、常時接続のインターネット回線を通じて個人情報を入手していたのだ。

「で、悪戯《いたずら》をしたのは他のサイトも？」

「はあ、二、三……」

「私のサイトを荒らしたのは知識の少ない女性だから？」

「それもあるけど」

少年ははにかみながらいった。

「管理人の写真が……、きれいだったから」

「あら」

依頼者は微笑みを浮かべてしまう。

「お、親には言うんですか」

突然、気づいたように少年は訊ねた。

「困るの？　困るでしょうね、浪人生が勉強もせずにマンガ喫茶でネット三昧《ざんまい》。ご両親が聞けばさぞや」

「すいません！」

少年はその場に平伏《へいふく》する。

「もうしません。絶対しません。だから親には言わないでください！」

今にも泣き出さんばかりの様相。さすがに依頼者もそれ以上のことをするのは憚《はばか》られ、今度迷惑行為が発覚すれば必ず親に告げると釘を刺し、その場を収めた。

リスクの多い情報提示

その日のうちに少年から依頼者へ謝罪のメールが届き、悪口の応酬から始まったトラブルは、ひとまず和解となった。

後日、依頼者は語った。

「見に来てくれる人たちにサービスしなきゃと思って、写真を載せたりパソコン知識の少なさを笑い話にしたり、ちょっとやりすぎたのかもしれないわね。まさか全然知らない子供にまでストーカーされちゃうなんて……」

現在は、電子メールやホームページを通じて情報発信、他人とのコミュニケーションをはかろうとする女性が非常に多い。それは日常とは違った新鮮な出会いに満ちているだろう。しかし、自由に情報発信ができるということは、自己責任の比率も当然高まってくる。

「顔写真を見せても名前さえ知られなければ安心」

「携帯メールアドレスを公開しても、せいぜい悪戯メール止まり」

「職場の名前くらい書いても被害はないわね」

「私の個人情報なんてそんなに価値のあるモノじゃないわ」

そんな意識をあなたは持っていないだろうか?

だが、よく考えてほしい。情報の価値を決めるのは、盗まれる側(あなた)ではなく、盗む側(ストーカー)なのである。インターネット回線の向こうにいる「顔のない誰か」が、あなたの個人情報を虎視眈々と狙っている。そんなことがあり得ないとは誰にも言い切れないのである。

ケーススタディ2

防御不能なネットストーカー

メールのパスワード、クレジット番号が盗まれた！

「顔も知らないストーカーから、私のパソコンにある個人情報を全部盗まれちゃったんです。イタズラは続くし、助けようとしてくれた男友達までケガするし、もうどうしていいのか……」

かなり切迫した様子で相談してきた依頼者は、医療系の技師をしている二十四歳の女性。自宅で使っているノートパソコンがウイルス感染したのが発端《ほったん》だったという。

趣味のテニスサークルに所属する男性に頼んで修復してもらったところ、それをストーカーにも見られていたらしい。この男性がウイルスを取り除き、ファイアウォール（不正侵入検知ソフト）も導入してくれた日の夜、いきなり奇妙なメールが送られてきたのだ。

【なんだよ、せっかくオレがプレゼントしたウイルスを追い出すなんてヒドいな。おまけにあの貧相なのはオマエの彼氏か？　あいつも許さないからな。あ、そーいえばオマエのメールパスワードは＊＊＊＊＊だっけ？　たまには変更しておいた方がいいぜ。Ｈａｈａｈａｈａ！】

これを読んで戦慄した依頼者へ、さらに悪い報せが届く。このメールを受け取った翌朝、パソコンを修復してくれたサークル仲間の男性が通勤用自転車のブレーキに細工をされて軽いケガをしていたらしいのだ。

さらに被害は続く。

パソコンから自分の住所やクレジット番号などが盗まれ、打ち込んだ文章内容までもが一日単位で把握されているようだ。依頼者自身のクレジット番号を使い、自宅に卑猥《ひわい》なアダルトグッズが何度か届けられたこともある。今のところ個人情報がインターネット上で公開された形跡はないが、気持ち悪いことこの上ない。

警察へ届けようにも犯人の身元や意図がまったく分からないためどうしようもない。巻き添えにあった男友達の安全を確保するためにも、早急に対応してほしいという依頼者からの要請。具体的な手口まで現状では分からないが、相手はかなりの知識を持ったネットストーカーであると同時に、依頼者を直接目撃できる場所にいる様子だ。ひょっとすると単独犯ではなく「ハッキング担当」、「尾行担当」などと複数の人間が関わっているのかもしれない。

かなり手ごわそうな予感を持ちつつ、我々はこの依頼を受けることにした。

探偵が張り付いても、犯人が見つからない……

今回のようなケースにおける対策は依頼者を尾行・監視している不審人物を特定する通常のストーカー対策と、個人データを抜き取られた依頼者のノートパソコンから犯人の痕跡《こんせき》を探す方法という二つが考えられる。しかし、自分のパソコンを調べられるのは、あまり気持ちいいものではないというのが依頼者の意向。それを尊重し、まずは尾行者を探す従来の方法に盗聴発見をプラスした調査をおこなってから、どうしても手がかりが見つからない場合に痕跡を探すという二段構えの調査方針に決まった。

依頼者によると、趣味のテニスサークルで監視されていることが多いらしい。そのため、行動調査も活動がある休日におこなった。

このサークルは比較的若い社会人メンバーが多く、休日ごとに集まっていろいろな場所で練習をしたり、時には他のサークルと交流試合をおこなったりもしている。ストーカーに巻き添えでケガをさせられた男性も含め、普段は四名から六名くらいでコートを借り、活動することが多い。

最初にパソコンの修復を頼んだ男性の名は佐藤氏（仮名）。彼はサークル仲間で最もパソコン関係に詳しいため、何かと相談を持ちかけられることが多いという。この調査をした日には依頼者、佐藤氏を合わせた五名が参加。他のメンバーには探偵が付いていることを一切言わないよう依頼者に念を押し、集合場所からテニスコート、そして練習後に全員で立ち寄った焼肉店、解散してから依頼者の帰宅まで慎重に監視した。

だが、尾行している者の姿は一切なし。単に姿が見えないというだけではない。依頼者の車に発信機が付けられたり、望遠レンズを使って遠くから監視されたりといった形跡さえ何もなかったのだ。依頼者宅にも盗聴器・盗撮カメラは仕掛けられてはいなかった。

それでも調査日の夜になって、帰宅した依頼者の元へ差出人不明のメールが届いたそうだ。

【○○駅で集まってテニスして、△△焼肉店でメシ食って、しばらく店の前で喋ってから帰宅だっけ。まだあの男と楽しそうに話しているのか。今度は自転車のブレーキだけじゃ済まないぜ。せいぜい気をつけろって男に伝えておきな。Ｈａｈａｈａｈａ！】

なぜかいつも佐藤氏を意識した文面が多い。そして今までのメールと同じく、依頼者がパソコンに打ち込んだ内容が数日分、付け加えられていた。

依頼者の使うノートパソコンには、サークル仲間でセキュリティ知識も豊富な佐藤氏がウイルス対策ソフト、ファイアウォールソフトを入れてくれている。しかも電子メールソフトも標準添付しているものではなく、セキュリティの高い製品を入れてあるらしい。

この話を聞く限りネットワークセキュリティは万全のようだが、どうやって依頼者のパソコンからリアルタイムに情報を抜き出しているのか？　そして何より、本職の探偵にいっさい気づかれることなく依頼者の行動を常時監視するなど、そんなことが可能なのか？

どうにも不可解なことが多いため、今度は依頼者立ち会いの下でノートパソコンを調べることになった。

内部情報を集めるスパイソフトを発見！

本当にセキュリティ対策を通過してしまうようなハッカーなら痕跡を残すような真似はしないと思ったが、せめて現状を打開するきっかけだけでも欲しいところだった。

普通に電源を入れて起動すると、さっそくウイルス対策ソフトとファイアウォールソフトが自動的に起動した。こちらは問題なしだ。スタートアップフォルダを覗いてみても、不審なソフトが自動で立ち上がるような設定は見当たらない。しかし、タスクマネージャを眺めてみると不審な実行ファイルがバックグラウンドで動作しているのが見えた。

「やはりあったか！」

見つけたのはいわゆる「キーロガー」と呼ばれるプログラム。仕掛けられたパソコンでどんな操作（キーボードに打ち込んだ文字、開いたファイル、訪問したホームページなど）があったかを別ファイルとして記録していくスパイソフトの一種である。

この種のソフトはコンピュータウイルスと区別して「ペスト」と呼ばれることもあり、普通のウイルス駆除ソフトでは検出されないのだ。しかもバックグラウンドで動作しているため一般のユーザーには分かりにくい。さらに手の込んだことに、今回のネットストーカーは普通のユーザーが見ることのないレジストリ（重要なシステムファイル）を書き換え、密かにスパイソフトが起動するようにしていた。

このスパイソフトで取得した情報は特定の場所（フォルダ内）に保存する設定になっており、しかも外部からアクセスしやすいように共有フォルダの設定までしてあった。依頼者がパソコンを操作した情報がすべてネットストーカーに知られていたのは、これの仕業らしい。

しかし、そうなると新しい疑問が出てくる。

依頼者のパソコン内部で情報をキーロガーで集めることができたとして、どうやってネットストーカーはそれを毎日のように外部へ盗み出せるのか？　佐藤氏が設置したファイアウォールソフトは、いつも不正なインターネット接続を監視しているはずなのに。

頭を悩ませながらファイアウォールソフトの設定を詳しく見ていると「信頼アドレス区間」のメニューが目に付いた。ここにIPアドレスを登録しておけば、そのアドレスを持つ者だけはファイアウォールソフトの防御を抜けて無制限にアクセスできるのだ。

本来は社内ネットワーク（LAN）で仕事仲間のパソコンを登録しておくといった使い道が多いのだが、これを悪用すると外部からの「抜け穴」を意図的に作ることもできる。あとは専用のハッキングツールを使えば情報はインターネット経由で盗み放題。

これでネットストーカーがどうやって情報を盗み出していたか、大体のところが判明した。

・キーロガーが密かに起動するよう設定しておく
・キーロガーが依頼者のパソコン操作をすべて監視し、記録していく
・セキュリティの抜け穴を通じて、記録ファイルを取り出す
・他からのアクセスは完璧にブロックするようにして依頼者を安心させる

IPアドレスを絞り込んで、犯人を特定

ここまで分かれば、誰がそれをやったかは調べやすい。

IPアドレスは現実世界の「住所」にあたるもので、原則として同じ数値はこの世に二つと存在しない。そのIPアドレスの持ち主を突き止めれば犯人を絞り込めるということだ。

ところが今回、どうにも簡単に絞り込めるタイプではなかった。ここで少し時間をもらい、調査員が集まって作戦会議を開いた。

「仮にこれが犯人のIPだとして、どこから接続していると思う？」

「うーん、自宅、職場やネットカフェ、プロキシサーバー経由という三つのどれかかな？」

「それは自分も同感」

「その中で、もっとも可能性が高いのは？」

「そう何度も依頼者のパソコンを触ってファイアウォールの設定は変えられないから、毎日の

ようにデータを抜こうと思えば、それほどIPが変わらない、というか変わる範囲が予想しやすい方が好都合だろう」

「となると、自宅かな?」

「だろうね。職場やネットカフェなら自分の知らないところでIPが急に変わるかもしれないし、プロキシ経由ならなおさら自分でコントロールできないんじゃないか?」

「やはり可能性が高いのは犯人の自宅か」

「そういえば、このIPはどこのプロバイダだった?」

「えーっと、どうやら○○ネットワーク社のドメイン名(ネット上でのユーザーの組織や国籍などを示す名前)みたいだ」

「ああ、個人ユーザーが多いプロバイダだな」

「じゃあ、そっちの面から考えても自宅の可能性が濃厚か」

「あとは照合するために、佐藤氏のものと分かるIPがあればいいが……」

ここまでの展開を、かみ砕いて探偵は依頼者に分かりやすく説明した。

「それを聞くと、ファイアウォールソフトを設定した佐藤さんが犯人ということでしょうか?」

「いえ、そこまでは言い切れません。まだ今は『容疑者のひとり』といった程度です。ただ、キーロガーを仕掛けるだけならともかく、ファイアウォールソフトの設定に抜け穴を作ったり、システムファイルを書き換えたりできるのは直接パソコンに触れた人間だけなので、かなり疑いは強いと言えます」

「何か確かめる方法はありますか？」

「佐藤氏の日頃から使っているＩＰアドレスが分かればいいのですが」

「それはどうやったら分かりますか？」

「たとえばＩＰアドレスの残る掲示板やチャットで佐藤氏が書き込みするとか、あとはメールのやりとりが残っていれば、そのヘッダ情報に残っているかもしれません」

「佐藤さんからのメールなら残っていますけど、ちょっとプライベートな話も入っていますので……」

「あ、言い足りなくて申し訳ありませんでした。要は『ヘッダ情報』だけが読めればいいですから、一番古いメールと、一ヶ月くらい前のメール、あとは最新のメールからヘッダ情報だけを見せていただけますか。本文は不要ですので」

「はい、それなら」

ヘッダ情報を表示する方法を依頼者に伝え、その通りに抜き出してもらった。メールのヘッダ情報とは、どんなサーバーを経由してメールが届いたかとか、どんなメールソフトを使っているかとか、メール本文からは分からない情報の宝庫である。

我々探偵が怪しいメールを見るときは、本文よりもヘッダ情報に注目する。もちろん必ず本人のＩＰアドレスが表示されるとも限らないし偽装することもできるから、これは一種の「賭け」ではあったが。

それからおよそ十五分後。佐藤氏のメールから取り出したＩＰアドレスは我々の予想どおり、見事にネットストーカーの設定したＩＰアドレス範囲と一致したのだった。

「やっぱり佐藤さんがネットストーカーだったのですか？」

「ＩＰアドレスだけで百パーセントは断定できませんが、少なくとも、ファイアウォールを通過できるように許可されたＩＰアドレスは、佐藤氏が使っているＩＰアドレスと同じ、とは言えそうです」

「じゃあ、自転車のブレーキが細工されてケガしたと言っていたのもウソだったということですか？　それなら一体、なぜそんなことを？」

「これも言い切ることはできませんが、過去の例では、異性の気を引くためにストーカーを自作自演し、それを撃退するふりをした、というケースもたしかにありました」

「まさか私のパソコンを直してセキュリティソフトを導入してくれると同時に、自分専用の抜け穴を仕掛けていたなんて……」

ファイアウォールソフトを苦もなく通過して個人情報を盗み、さらに探偵たちの徹底監視にも引っかからず依頼者たちの行動を把握できる。「防御不能なストーカー」の正体。それが佐藤氏だとすれば矛盾なく説明できる。もちろん、状況証拠とＩＰアドレスだけで完全に犯人だと決めつけることはできないが……。

ゲーム感覚のネットストーカー

今回はクレジットカード番号まで盗まれ金銭的被害が出ていたため（おそらく依頼者がインターネット通販で買物するときに番号入力したのだろう）、刑事事件として扱ってもらえれば完全な証拠を取って犯人逮捕が可能かもしれない。しかし、仮に佐藤氏が悪質なネットストーカーだったとして、趣味のサークル仲間を逮捕させるかどうかは微妙なところだ。

ここは依頼者の判断に任せた。正しい判断のために必要な情報は伝えるが、よほど無茶や危険でない限りは依頼者の意志を尊重する。これが、全般において当社の方針である。

依頼者としては刑事や民事で争うつもりはまったくないらしく、とにかく本人に真意を確かめたいとの強い希望だった。

今回の件を見る限り、佐藤氏と依頼者が話し合っても大きな問題にはならないと思えたが、念のため調査員を近くに配置して喫茶店での話し合いを見守った。

最初こそ何のことか分からないふりをしていた佐藤氏。しかし、これ以上ないほどの状況証拠を突きつけられて、彼はついに自作自演を認めた。

ネットセキュリティ知識がないと侮っていた依頼者の口から的確な用語が次々に飛び出し、かなり面食らっていたようだ。

経緯を聞いてみると、どうやら佐藤氏自身「いい人」ではあるが「いい男」ではないという自覚があり、これまで女性とうまく付き合うことができなかったらしい。積極的にテニスサークルへ参加してみたが、やはり何かが違う。そんなとき、たまたま密かに好意を寄せていた依頼者からパソコンの修復を頼まれ、今回の「仕掛け」を実行しようと考えた。

いろいろと頼られたら依頼者とサークル以外で会う機会も増えるし、彼女のせいで自分が巻き添えになってケガをしたとなれば、精神的な負い目を作ることができる。

彼はそう考えたそうだ。ほぼ予想していたとおりとはいえ、社会人男性として幼稚な、あまりに稚拙すぎる犯行動機だった。

法的な手段には訴えないものの、クレジットカード番号まで盗み出すというのは紛れもない重罪。そのため、偽装した録音機材で佐藤氏の自白内容を記録し、きっちり念書も自筆で書かせた。

このあたりは当社のアドバイスである。

念のため番号を知られたクレジットカードは解約し、新しく契約しなおすことも勧めておいた。住所や生年月日は知られてしまった以上どうしようもないが、今後も懲りずに何かすれば即座に法的措置をとると書面にしてある。

ここまで証拠が揃えば佐藤氏の性格からして何もできないし、しようという気すら起こさないとは思えた。だが、何事においても万全の準備をしておいた方がいい。書面にまでしておいたのは、その予防のためだ。

これで話は決着し、佐藤氏はテニスサークルから姿を消した。本当の退会理由を知っているのは彼自身と探偵、そして依頼者だけである。

よくストーカーは「自己中心的で、精神的に未成熟」と言われることが多い。そして、これはネットストーカーの場合だと特に当てはまる。

異性に対するアプローチ方法は他にいくらでもあるのに、短絡的な手段で他人を傷つけ、その自覚に乏しい。

依頼者によれば、佐藤氏も最後まで本気で謝罪している様子は感じられず「ああ、もう少しうまくやれば良かったか……」と的はずれな後悔を小さな声で口にしていたのに呆れたそうだ。

ゲーム感覚でネットストーキングを試みる不届きな輩は彼だけに限らず、おそらく今後も増加する一方だろう。いつ被害者になってもおかしくない我々全員がしっかり防衛知識を持たなければいけないのと同時に、「人生にも人間関係にもリセットボタンは付いていない」という当たり前の現実を、彼らネットストーカーたちにも理解してほしいものである。

Column

意外と身近な情報収集術

探偵といえば、とても一般人からは想像もできない特殊な方法で調査をしているに違いない。そう思っている人も多いことでしょう。

たしかに、探偵が特殊な機材や調査方法を持っているのは事実です。しかし、中には誰でも方法さえ知っていればできる「情報収集テクニック」があります。

たとえば、よく家庭でも使う自動車のカーナビ（カーナビゲーションシステム）や、パソコンの年賀状ソフト。これは製品にもよりますが、個人宅や店舗の名前・電話番号・住所などが多数収録されており、簡易データベースとしては十分な実用性を持っています。また、プリペイド式の電車カードには改札を通過した時間や駅名が記録されていますし、デジタルカメラで撮影した画像には撮影日時やカメラの機種名まで記録されています。カーナビの「走行履歴」機能をONにしておけば、その運転者がどんな経路を移動したか、そしてラブホテル街に立ち寄ったりしていないか確認することができます。中には、カーナビの走行履歴と検索履歴から徹底して夫の浮気パターンを調べ上げ、浮気相手の住んでいる場所まで突き止めてしまったすごい女性もいるとか。

こうして考えていくと、日常生活のいろいろな場所に「断片的な情報」のヒントが落ちていることに気づくでしょう。情報がないのではなく、一般の人たちはそれを普段から意識していないだけなのです。点と点をつなぎ合わせ、隠れた真実を「線」として浮かび上がらせていく。そんな地道な作業も探偵テクニックのひとつであり、また探偵という仕事を面白くしてくれる醍醐味といえるのではないでしょうか。

2. ネットストーカーの特徴・被害・狙われやすいタイプ

※ここで紹介するツール類はWindows専用です

従来のストーカーと、ココが違う！ネットストーカーの特徴

よくマスコミなどでも見かけるようになったネットストーカー。本書では「ネットワーク技術を利用して付きまとい行為をする人物」という意味で取り扱います。よく分からないけど自分には無関係。そう考えている人も多いかと思います。しかしネットストーカーは従来のストーカーとは違い、**「被害に遭ったと気づきにくい」「被害に遭ったと気づいたときには既に手遅れ」**という特徴もあります。

インターネットや携帯電話、あるいはそれらを利用した出会い系サイトなどが普及して便利になる一方、ネットストーカーによる被害も今後ますます増えていくといわれています。ここでは具体的に、どうやってネットストーカーから身を守っていくか解説していきます。

まずは、ネットストーカーの特徴からご説明しましょう

・特徴1　被害者と加害者の間に、あまり接点がない

従来型のストーカーは比較的犯人や動機が分かりやすく、「恋愛感情が満たされないことによって顔見知りの異性がストーカーとなる」というケースが大半（第二章を参照）。以前に交際していた人間が、現在の交際相手に対して嫌がらせをするなど、いずれにしても加害者と被害者の間に何らかの関係があったのが従来のストーカー。しかしネットストーカーでは、むしろ被害者と直接的な面識のない加害者が目立ちます。被害者と加害者の接点は出会い系や個人サイト上、チャットやオークションなどのサイバー空間。その動機も「ネット上の掲示板で言い争いになってムカついたから」だとか「メル友だったのに最近メール返信が来なくなったから」だとか、**恋愛感情があまり絡まない（＝他人から見ればあまり深刻とも思えない）理由**が少なくありません。

・特徴2　法律の不備や匿名性などによって、加害者側のリスクが少ない

ストーカー殺人事件をうけて成立した「ストーカー規制法」が扱っているのは、あくまで直接的なストーカー行為だけ。他人のパソコンからパスワードを抜き取って不正ログインしたり、個人情報を勝手にインターネット上へ書き込んだりといったネットストーカーの典型的な手口は**「プロバイダー責任法」「不正アクセス防止法」**など、別の法律を使って何とか対処しているのが現状。進歩するネットワーク技術に、なかなか法整備が追い付いていないようです。

・特徴3　調査（捜査）方法が完全に確立されていない

法律の不備に加え、インターネットという匿名性の高さがネットストーカーには有利に働きます。ネットストーカーに限らずインターネット犯罪全般で、捜査機関が犯人特定から逮捕に持って行く過程を詳しく見ていると、他の法律を準用したりインターネット以外からの証拠を組み合わせたり、かなり苦労している様子がうかがえます。これは探偵の調査でも同じことで、手がかりの少なさ、決定的な証拠取得に苦労させられることもしばしば。**従来のストーカー調査（捜査）方法も組み合わせながら対処せざるをえない点は、探偵も警察も似ています。**

・特徴4　被害に遭《あ》ったと気づきにくい

ネットストーカー被害に遭った人の話を聞いていると、友人や知人から「個人情報を流されているわよ」と間接的に知らされるケースも珍しくありません。従来のストーカーは、その行為（感情）を伝えたい相手がもっぱら被害者自身でしたが、ネットストーカーでは事情も違ってきます。たとえばストーカー行為で手に入れた個人情報を、被害者とは関係のない巨大掲示板に流すといった手口が代表例。下手をすると被害者は自分が個人情報を盗まれて流されたとは夢にも思わず暮らし続け、**どうにもならないほど被害が広がってから気づく**という場合もあります。

・特徴5　インターネットは被害の拡散スピードが桁違いに速い

従来のストーカーでも「中傷ビラを近所に貼る」「頼んでもいない出前を被害者宅へ届ける」くらいの行為はありましたが、ネットストーカーはさらに手軽に、しかも強烈なダメージを被害者へ与えることができます。インターネットは常に世界全体とつながっているため、個人情報を漏らされた場合の拡散スピードが「近所に貼られた中傷ビラ」などとは比較になりません。

また、デジタルデータは複製が簡単であるため、**自分の個人情報がどこで、誰の手元に、どんな形で、どれだけ残っていて、どんな使われ方をされているか推定できない**のも、従来のストーカーとは決定的に異なる点です。

・特徴6　従来のストーカー手法との組み合わせもある

ネットストーカーがいつもパソコンのキーを叩いているだけと思うのは間違い。たとえばネットストーカーがインターネット上で被害者の個人情報をつかみ、それを使って本当に尾行したり交際を申し込んだり、**従来型のストーカー行為におよぶこともあります。**「せっかく個人情報が手に入ったんだし、ただモニター上で眺めているだけじゃもったいないな」と思うのは、彼らにとってごく自然な欲求ともいえるかもしれません。

■ネットストーカーの特徴

・被害者と加害者の間に、あまり接点がない
・法律の不備や匿名性などによって加害者側のリスクが少ない
・調査（捜査）方法が完全に確立されていない
・被害に遭ったと気づきにくい
・インターネットは被害の拡散スピードが桁違いに速い
・従来のストーカー手法との組み合わせもある

個人情報が盗まれたら、こんな被害を受ける

従来のストーカーは被害者を尾行したりゴミ袋をあさったりという方法で個人情報収集をします。その一方、ネットストーカーが好んで使うのはIT知識を駆使した情報収集テクニック。具体的な収集方法は194頁に譲るとして、ここではネットストーカーが欲しがる情報と、ネットストーカーによる被害を解説します。

■ネットストーカーが欲しがる情報

情　報	危険度	何に使われるか	予防法
ログイン名、パスワード	大	●メールを盗む ●本人を装った犯罪行為（なりすまし）	分かりやすいところにパスワードをメモしておかない。
本名、生年月日、顔写真、生活パターン、職業など	中	●直接的ストーカーへの連携 ●勝手に出会い系サイトなどへ登録	自分のプロフィールを安易に公開しない。
IPアドレス	中	●プロバイダ名や住所の推定 ●ハッキング行為	完璧な予防法はない。IPアドレスは常に漏れていると考えておく。
ブラウザやメールソフトの種類・バージョン情報	小	●そのソフト特有のセキュリティホール（弱点）を狙ったハッキング行為	セキュリティの高いソフトを使う。修正ファイルを入手し、常に最新のバージョンを使う。

※IPアドレスについては、192頁のコラム参照

・被害1　ウイルス、スパイソフトで個人情報を盗まれる

なかなか被害に気づきにくいのが、コンピュータウイルス感染。「パソコン内のデータを破壊するタイプ」「パソコン内の個人データを特定の人間（ストーカー）に送信するタイプ」「パソコン内の個人データを不特定多数にバラまくタイプ」など種類は多数。現在のコンピュータウイルスは変種も含めると数万種、あるいはそれ以上ともいわれ、かなりの勢いで新種が誕生しています。おもに**ネットストーカーが好んで使うのは、やはり情報を流出させるタイプ**。メールにウイルスを添付して被害者自身に実行（インストール）させたり、被害者が席を外している隙にこっそりフロッピーなどからインストールしたり、ウイルスを侵入させる手口も多彩です。うっかり侵入を許すとネットストーカーに個人情報を盗まれ続けることになりかねません。ウイルス対策ソフトはいつも動かしておきましょう。また、ウイルスほど有名ではありませんが**「スパイソフト」はウイルス対策ソフトで検出できないものが多く、別にスパイソフト対策用のソフトを使って身を守る必要**があります。（詳細は203頁を参照）

■ 詳しくて分かりやすいのは、やはり専門家の解説

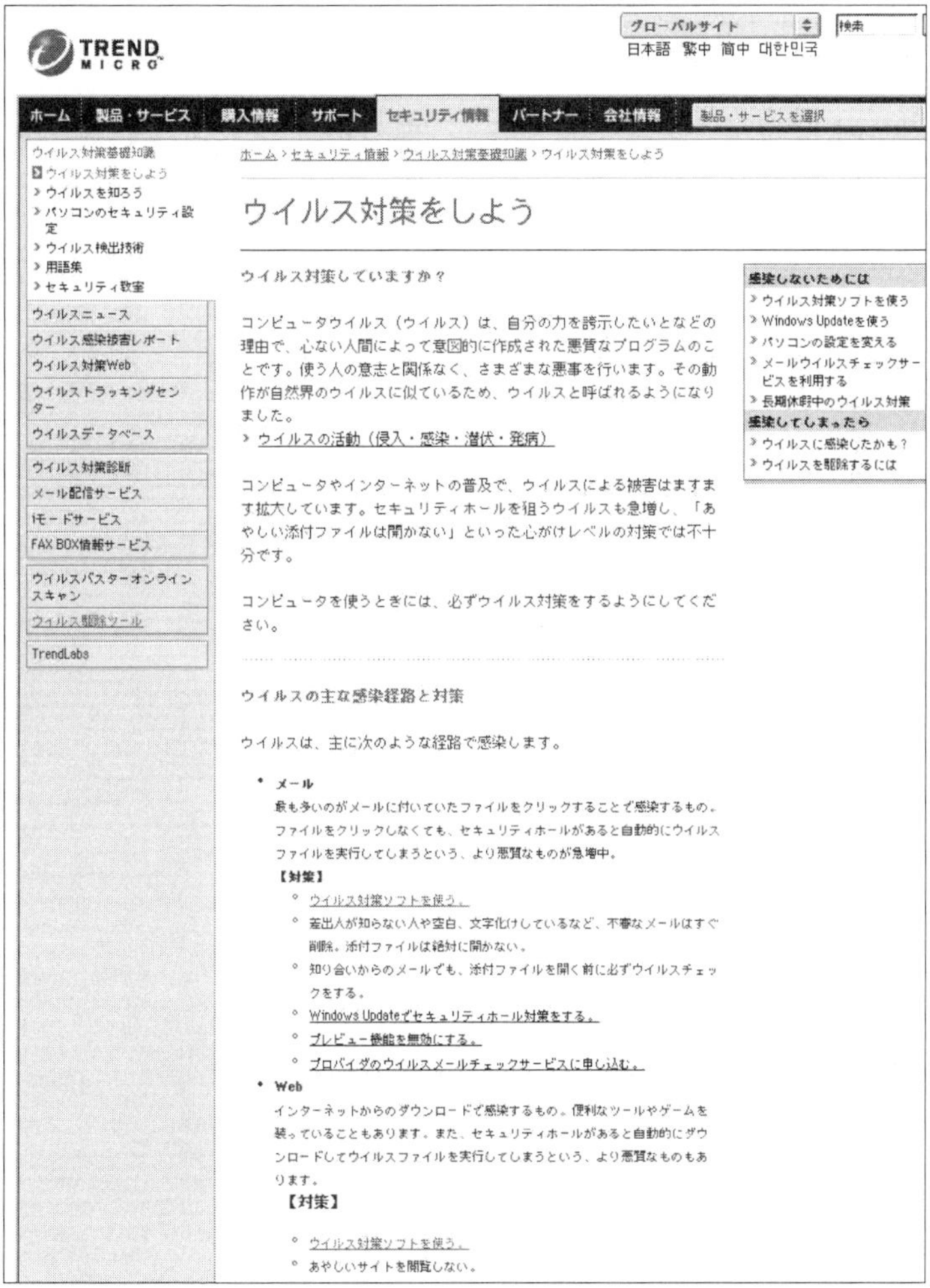

※写真はトレンドマイクロ社（http://www.trendmicro.com/）にある解説ページ

・被害2　インターネット上で自分の個人情報を流される

氏名や住所、職業などをいろいろなサイトに書き込まれるのは、ネットストーカーの代表的な被害。被害者に個人的な恨みがある場合の報復や、単なる愉快犯的な犯行など動機は千差万別だ。主な書き込み場所は、被害者自身が運営するサイト掲示板、大勢の人が議論や情報交換をする大型掲示板、出会い系サイトなど。自分の顔写真をどこかで公開している場合、それも個人情報とセットで流される危険があります。特に出会い系サイトに顔写真もセットで登録されてしまったら、男性からのメールや電話で大変なことになりかねません。この分野は法整備も進みつつありますので、**被害が分かったらすぐに掲示板管理者、警察などへ報告しましょう。**

・被害3　「なりすまし」によってトラブルに巻き込まれる

氏名や住所、メールアドレスなど被害者の個人情報を入手した人間が、その本人になりすましてインターネット上でさまざまなトラブルを引き起こす手口もネットストーカーにはよく見られます。たとえば、インターネット上の掲示板に自分の名前で問題発言（人権侵害や犯罪的な内容）をされ、身に覚えのない苦情や捜査が自分に降りかかるケースなど。先に紹介した出会い系サイトへの登録も広い意味では「なりすまし」の一種といえます。また、他人に影響はなくても、**自分のクレジットカード番号を使って勝手に高額な買い物をされ**、商品は他人へ、高額な請求だけが自分にくるような事態になっても面倒です。

ネットストーカーに狙われやすいタイプ

従来のストーカーは特定の女性だけに猛烈なアタックを繰り返しますが、ネットストーカーは意外に「セキュリティの甘い女なら誰でもいいや」という無節操なタイプも少なくありません。探偵として調査に関わっていくと、ネットストーカーに狙われやすい人には共通のパターンがあるように思えます。特に、次の条件にひとつでも当てはまる人は要注意！「愉快犯」のネットストーカーから狙われやすいタイプを紹介します。

・タイプ1　インターネット上で個人データを安易に公開する

たとえば個人サイトを運営している女性が、二〇〇五年六月七日の日記で「今日は二十一回目の誕生日！」と書いたら、誰だってこの女性の生年月日が分かってしまいます。たかが生年月日というなかれ、探偵からみれば**生年月日が漏れるというのは非常に危険な兆候《ちょうこう》**。メールや掲示板のログインパスワードを推測されやすくなったり、もっと詳しい個人情報を引き出されたり（よく生年月日は本人確認の手段に使われます）、頭の切れるストーカーにとっては「おいしい情報」だったりします。この他、若い女性が職業を公開するとストーカーから興味を持たれるきっかけになることも多く、これは気をつけていれば防げる事態といえるでしょう。

特に、**女性で看護師（看護婦）やフライトアテンダント（スチュワーデス）など、**

男性から妙な憧れを抱かれやすい人は注意しましょう。公開するなら「医療関係」「運輸関係」あたりの表現にしておいた方がベターです。

・タイプ2　顔写真を公開する

これは、うかつにやってはいけない行動の代表格。出会い系サイト、Ｗｅｂカメラを使ったチャット、個人サイトの自己紹介など、さほど警戒心を持たず顔写真を公開している女性が多いのには驚かされます。まず顔を見られることによって興味を持たれる引き金になり、住んでいる地域まで絞り込まれたあとは尾行を助ける重要なヒントになってしまいます。この他、顔写真と個人情報をセットで暴露されたり、自分になりすます者が登場したり、とにかく**顔写真の公開は「百害あって一利なし！」**と心得ましょう。

・タイプ3　ネットオークションＩＤを普段のメールアドレスにも使う

「いちいち使い分けるのが面倒だから」と、出会い系サイトや掲示板などでもネットオークション用のメールアドレスを使っている人はいないでしょうか？　これは気づいていない人が多いと思いますが、場合によっては個人情報をダイレクトに、しかも合法的に知られる危険があります。狙いを定めた女性のＩＤで現在出品中のオークションを捜し、自分（ネットストーカー）が何食わぬ顔で落札。その**取引の過程でネットストーカーは、合法的にターゲット**

の氏名や住所など個人情報をゲットできるわけです。これに気づいていなかった人は、今すぐにでも別のメールアドレスを使いましょう。

・タイプ4　メールや掲示板のパスワードを推測しやすい文字列にしている

ヤフーやＨｏｔｍａｉｌの無料メールアドレスは、簡単に新しいメールアドレスを取得できてしまうので重宝《ちょうほう》している女性も多いはず。しかし、メールのパスワード設定には注意。たとえば名前が「麻里（まり）」、誕生日が三月三日だったとして、設定したパスワードは「ｍａｒｉ０３０３」。……こんな決め方では、ネットストーカーにとって簡単すぎるクイズです。パスワードを決めるのが面倒、憶えるのが面倒という人には、自分だけが憶えやすいパスワードを自動生成してくれるソフトを使うのがお勧め。これは206頁で詳しく説明しています。自力で決めたいという人は、**英字・数字・記号の三種類を混ぜたパスワードにしておく**とセキュリティが向上します。

■意外な盲点！
ＩＤ（メールアドレス）からターゲットの出品情報を探す手口

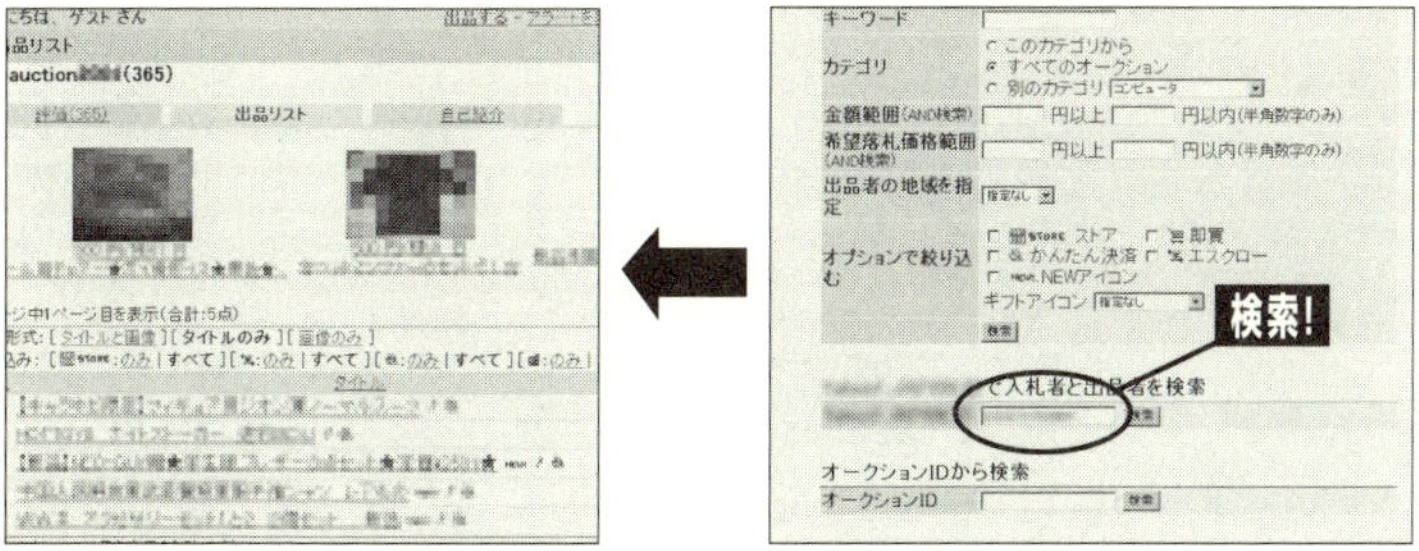

・**タイプ5　カード会社やプロバイダを名乗るメールを簡単に信じてしまう**

ある日、自分が契約しているプロバイダからメールが来て「あなたの接続パスワードが流出しました。本人確認の手続きをするために住所と氏名、生年月日、クレジットカード番号と有効期限を送信してください」と書かれていたら、どうするでしょうか？　ここで「あら大変、すぐに返事を出さなきゃ！」と慌てて返信してしまう人は、残念ながらネットストーカーのいいカモにされてしまいます。もう少し手の込んだ手口になると、サーバー管理者を名乗り「あなたのログインパスワードが流出した可能性があります。問題が解決するまで下記に指定したパスワードをお使いください」と好きなパスワードに変更させたり、「システムに重大なエラーが見つかりました。このメールに添付した修正ファイルを必ずインストールしてください」とスパイソフトをインストールさせたり、さまざまな方法で個人情報を流出させようとアタックしてきます。これらは総称して「フィッシング詐欺」とも呼ばれ、マスコミでもよく被害が報告されている手口です。**自分が本当に契約しているカード会社やプロバイダ、そして公的機関の名前であっても鵜呑《うの》みにせず**、まずはそういった事実があるのかどうか電話で確認するクセを付けましょう。

・タイプ6　セキュリティ意識がない

結局、どれも根本的には「セキュリティ意識の欠如」という原因に行きつきます。ネットストーカー被害に遭った人から話を聞いていると、かなりセキュリティに無関心なケースが目立ちます。

「使わないときもパソコンの電源を入れてネットに接続しているわよ」
「コンピュータウイルスって部屋の窓をきちんと閉めていたら感染しないわよね?」
「メールに付いてくるファイルは全部開いているわよ」といった具合に。

これは、分かりやすく日常生活に言い換えたら「家の玄関にはいつもカギを閉めてないわよ」、「ガスコンロの火は点けっぱなしで外出するわよ」と同じくらいの無防備さです。もちろん、いきなり専門家並のセキュリティ知識を身に付けなさいとは言いませんが、最低限の対策はしておくべきでしょう。**愉快犯型のネットストーカーには、現実世界の空き巣と同じ**で「ここは防犯がしっかりしているな。それなら、無理をせず他の獲物を探そう」という心理が働いています。つまりセキュリティ体制をしっかりすることは「ネットストーカーに狙われにくくする」こととイコールなのです。

状もあります」と請求したら、プロバイダ側も令状が出ている以上は断れません。「そのIPアドレスで接続している契約者は、○○県○○市○○町1−2−3に住む鈴木太郎さんです」とプロバイダから回答。これで容疑者または重要参考人の身元が分かりました。

もちろんネットストーカーは令状など持っていませんから、契約者の詳しい情報まではIPアドレスで割り出せません。しかし、無意味に見えるIPアドレスの数字を、もっと具体的な文字に変換するのは簡単です。ためしに「IPドメイン検索」と打ち込んでインターネット検索してみてください。いろいろなサイトが出てきたはずです。それらのサイト上で詳しく調べたいIPアドレスを入力して「検索」または「変換」などのボタンを押してみましょう。たとえば下記のように変換されると思います。

256. 162. 33. 194　(IPアドレスの正体)

↓変換

ada94-ipda04marunouchi.tokyo.hogenet.ne.jp（ドメイン変換後）

※このIPアドレスは実在しないため、実際の変換結果は異なります。

これで、無意味に見えたIPアドレスから情報が取り出せました。どうやらこのIPアドレスの使用者は「marunouchi.tokyo」、つまり東京都の丸の内近辺から接続しているようです。契約しているプロバイダ名は「hogenet」と判明しました。たまにネット上の掲示板で口論が起きているとき、「オマエの住所は○○県○○市あたりで、プロバイダは○○社を使ってるだろ!」といった書き込みをしている人は、表示されたIPアドレスの数字からドメイン変換し、このように情報を読み取っているわけです。この他、悪質なハッカーが個人情報を盗み出すときに専用ツールを使うわけですが、ここでも「攻撃対象の指定」にIPアドレスが使われます。つまりIPアドレスを知られただけで、下手をするとパソコンの中身をすべて覗かれる可能性もゼロではありません。このIPアドレスを完璧に隠すことはできないので、根本的な対策はありません。「IPアドレスを知られたら何をされるか?」という知識をしっかり持ち、ファイアウォールソフトなどで防御を固めておきましょう。

IPアドレスから情報は漏れる!

本書の中ではよく「IPアドレス」という言葉が登場します。なんだか正体不明な専門用語ですが、これはネットストーカー対策で大切なポイント。IPアドレスとは何なのか、ちょっと詳しく説明します。

IPアドレスの正体は、コンマで4つに区切られた数字。たとえば、以下のような数字がIPアドレスです。

256. 162. 33.194　（IPアドレスの正体）

※実在しないIPアドレスを使用しています。

これだけではピンと来ない人も多いと思いますので、手元にあるパソコンがインターネットにつながっていたら、「確認くん」や「診断くん」というサイトを検索し、見てみてください。そこに表示されているのが、あなただけに割り当てられたIPアドレス（現IP）、つまりインターネット上で個人を特定できる数字です。

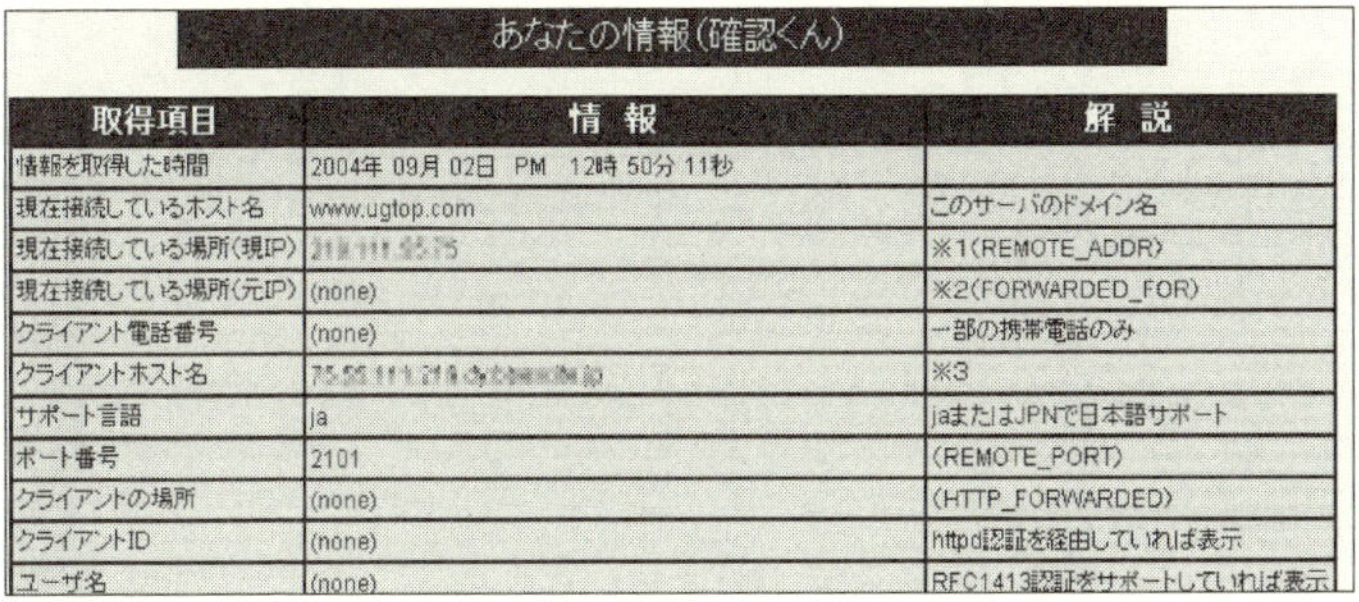

あなたの情報（確認くん）

取得項目	情報	解説
情報を取得した時間	2004年 09月 02日　PM　12時 50分 11秒	
現在接続しているホスト名	www.ugtop.com	このサーバのドメイン名
現在接続している場所（現IP）	[illegible]	※1（REMOTE_ADDR）
現在接続している場所（元IP）	(none)	※2（FORWARDED_FOR）
クライアント電話番号	(none)	一部の携帯電話のみ
クライアントホスト名	[illegible]	※3
サポート言語	ja	jaまたはJPNで日本語サポート
ポート番号	2101	（REMOTE_PORT）
クライアントの場所	(none)	（HTTP_FORWARDED）
クライアントID	(none)	httpd認証を経由していれば表示
ユーザ名	(none)	RFC1413認証をサポートしていれば表示

■ 確認くん（www.ugtop.com/spill.shtml）で自分の情報がどれだけ漏れているか分かる。

ネットストーカーがおもに欲しがる情報は、「現在接続している場所（現IP）」「クライアントホスト名」「使用ブラウザ」の3つ。

もしもインターネット上で物騒な殺人予告などがあって捜査機関が介入したときは、IPアドレスから書き込んだ犯人を特定することもあります。捜査機関がプロバイダ（接続会社）に対し「おたくの契約者がネット上に殺人予告をしていますから、住所や氏名など必要情報を開示してください。裁判所の令

3.ネットストーカー、情報収集の手口

あなたの個人情報を狙う手口あれこれ

席を外した隙に素早くパスワードを盗んだり、インターネット経由でセキュリティの弱いパソコンからデータをごっそり盗んだり、ＩＴ知識を悪用したネットストーカーの手口はきわめて巧妙かつ多彩。しかし、代表的な手口を知って注意していれば防げるものもたくさんあります。ここでは、ごく一般的（？）なネットストーカーの情報収集法を紹介。こんな方法があるなんて、読者の皆さんはご存じだったでしょうか？

・例１　メールデータを一分間で抜き取る手口

もしネットストーカーが職場の同僚などの身近な人間だった場合、被害者が使うメールソフトの特徴を知っていれば、ごく短時間でメール内容を全部抜き取ることも可能。ネットストーカーはいつもインターネットだけを使っているとは限りません。フロッピーやＵＳＢメモリーなど小型の記録メディアを使って抜きとる方法もあります。手口としては、**被害者が席を外**

した隙にパソコンで「ファイル検索」機能を使って「＊．ｄｂｘ」と打ち、検索で出てきたファイルを用意したメモリーに入れて持ち帰り、自分のパソコンで復元するというもの。被害者のアドレス帳や現在までのメールのやりとりがすべてわかります。（もっともよく使われているメールソフト「Ｏｕｔｌｏｏｋ Ｅｘｐｒｅｓｓ」のＷｉｎｄｏｗｓ版を例にしています。）

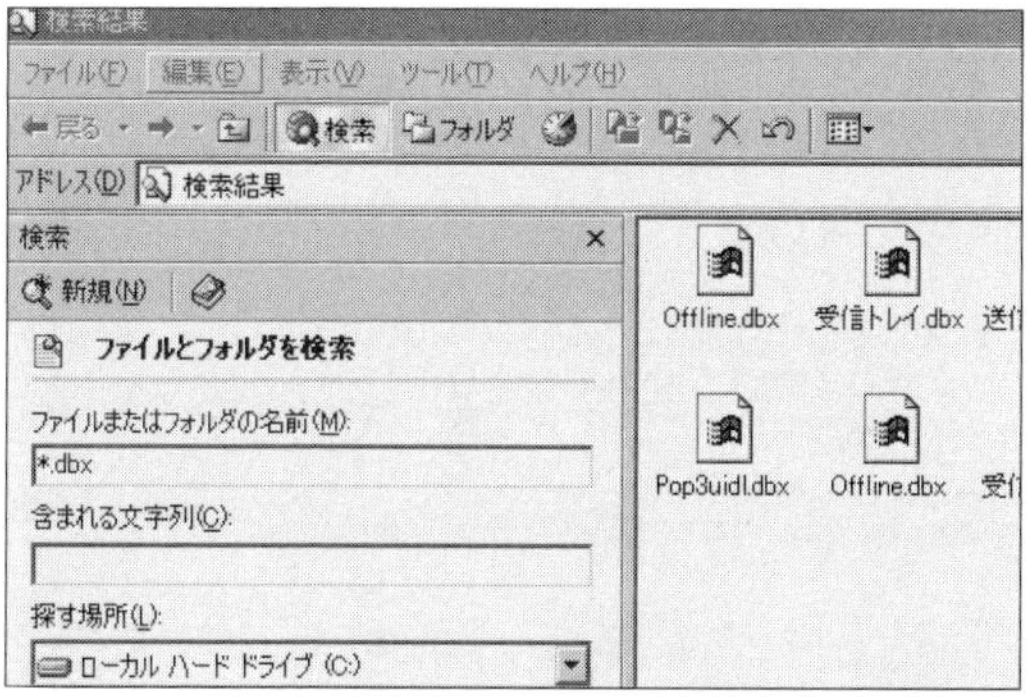

■メールソフトに関係するファイルを根こそぎ検索して持ち帰る

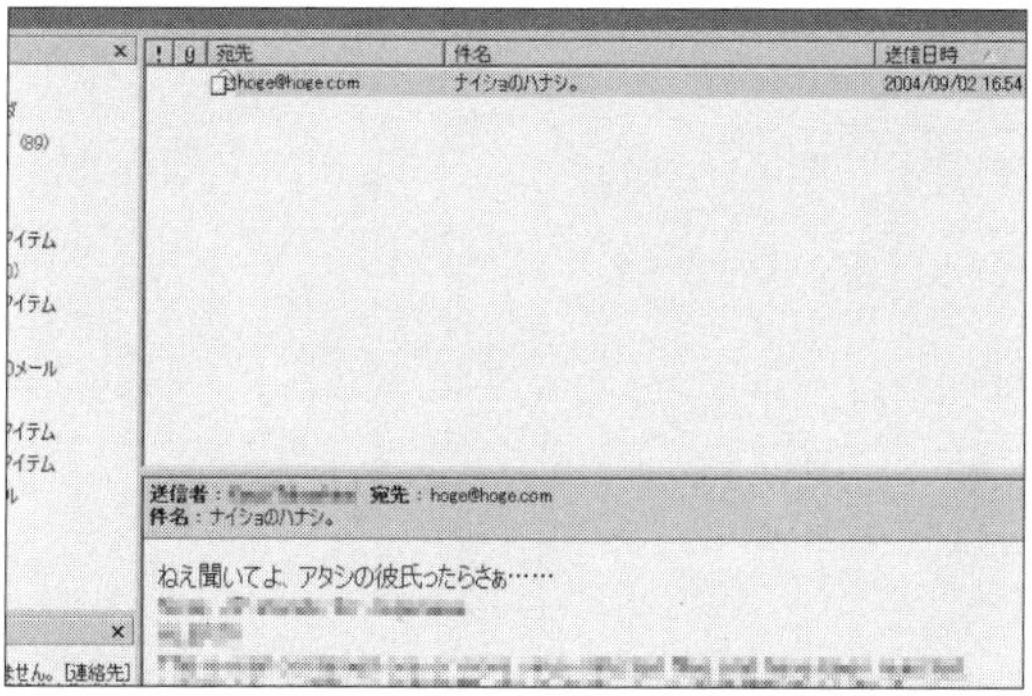

■被害者のプライベートなメールも、自宅で簡単に復元できる

・例2　パスワードを一分間で抜き取る手口

次もメールソフト「Outlook Express」から、「＊＊＊＊」と文字で隠れているメールのログインパスワードを抜き出す方法です。まず、「パスワード表示ソフト」を入手し、フロッピーやUSBメモリーなどの小型の記録メディアにあらかじめ入れておきます。被害者が席を外した隙に、その**「パスワード表示ソフト」を実行。メールアカウントのプロパティから、パスワードが書かれた画面を呼び出し、「＊＊＊＊」で隠されたパスワードを表示**させます。

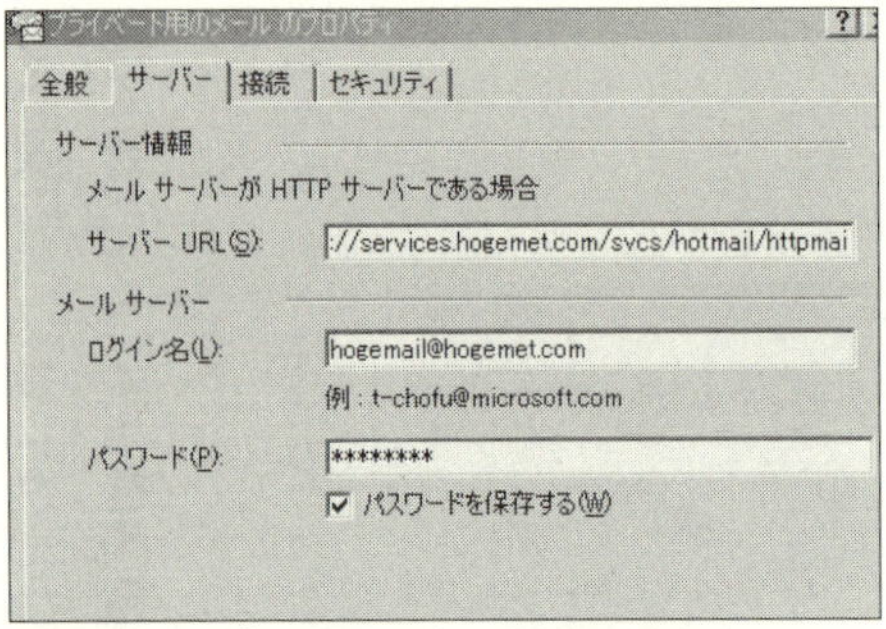

■普段なら「＊＊＊＊」で隠れて見えないパスワードも……

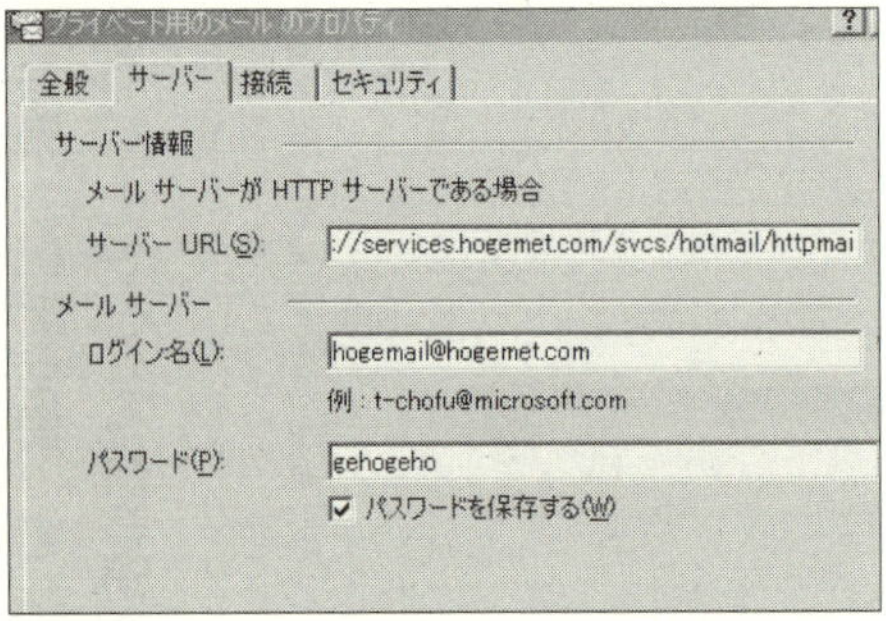

■専用ツールを使うと簡単に見えてしまう

これをメモすれば、いつでも好きな場所から被害者のメールアカウントが使えるという寸法です。これは、本来パスワードが書かれた紙を紛失したときに使われるソフトです。もちろん不正な使用は違法行為です。

・例3　インターネット経由でパソコンデータを丸ごと抜き取る手口

これは、前述の二つとは違い、純粋にインターネットだけを使って情報を抜き出す手口です。チャットやメールなどから入手したＩＰアドレスにハッキングツールを使いデータを抜き取るというもの。被害者がまったくセキュリティ意識をもたず、インターネットをつなぎっぱなしにしている場合などは、きわめて深刻な被害をもたらします。手口としては、まずハッキングツールと被害者のＩＰアドレスを入手します。ＩＰアドレスは、チャットやメールなどから入手します。**ハッキングツールを使い攻撃対象となる被害者のＩＰアドレスを入力し、被害者の無防備なパソコンにある情報を抜き出したり、外部から好きなように操作したりすることもできます。**ただし、これは本来、自宅や社内のセキュリティ状況

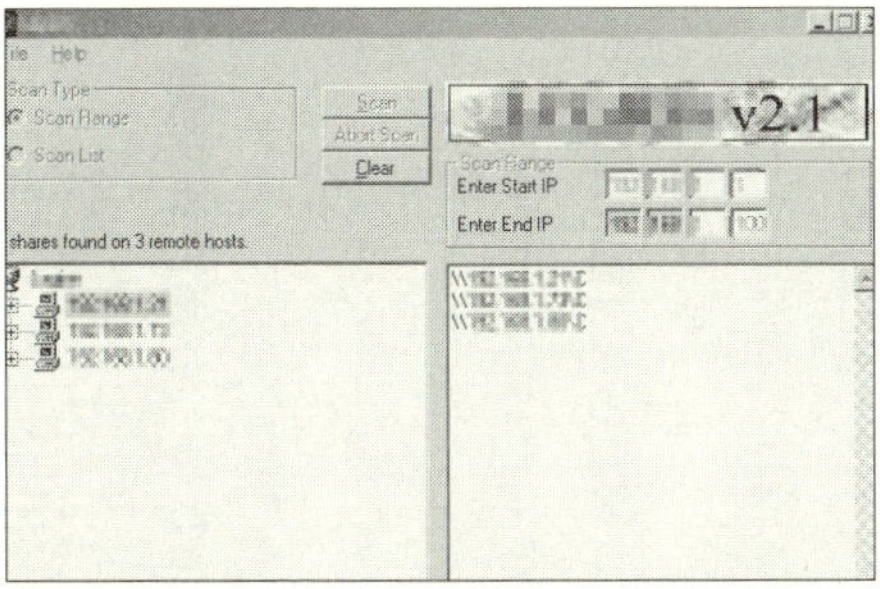

■ハッキングツールを使い、インターネット経由で無防備なパソコンを覗く（※ソフト名やＩＰアドレス部分にはモザイクを入れてあります）

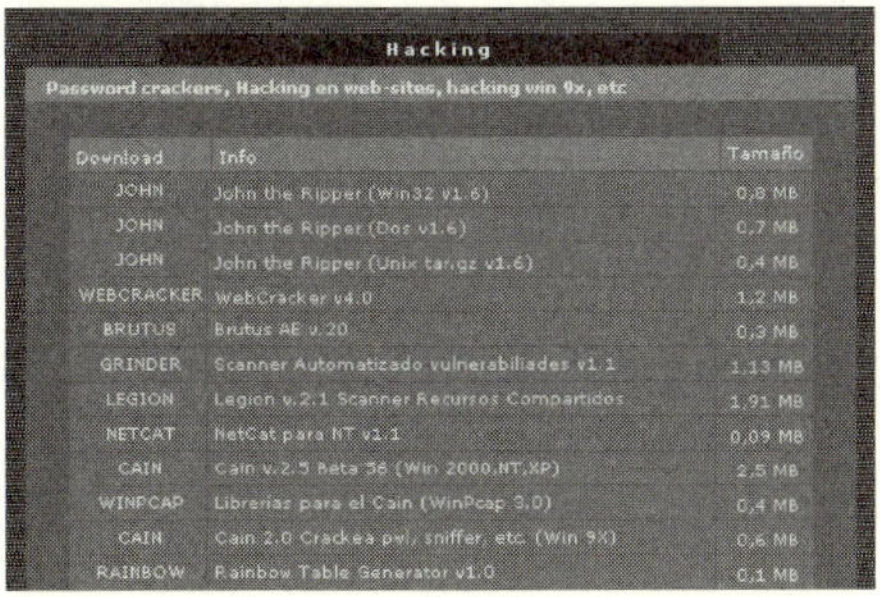

■ハッキングツールを無料配布するサイトは無数にある

を自己診断するために使うソフトです。むやみに悪用しないよう、よく注意してください。

・まだまだある、きわどい手口！

ちょっとキワドイ手口まで紹介してきましたが、ネットストーカーが被害者の情報を集める方法は他にもたくさんあります。たとえば、

- ・どんなホームページを訪問したか履歴を覗く
- ・「ゴミ箱」から削除したはずのファイルを復元させる
- ・キーボードの入力履歴を記録する
- ・携帯電話のメール、アドレス帳などを全て抜き出す

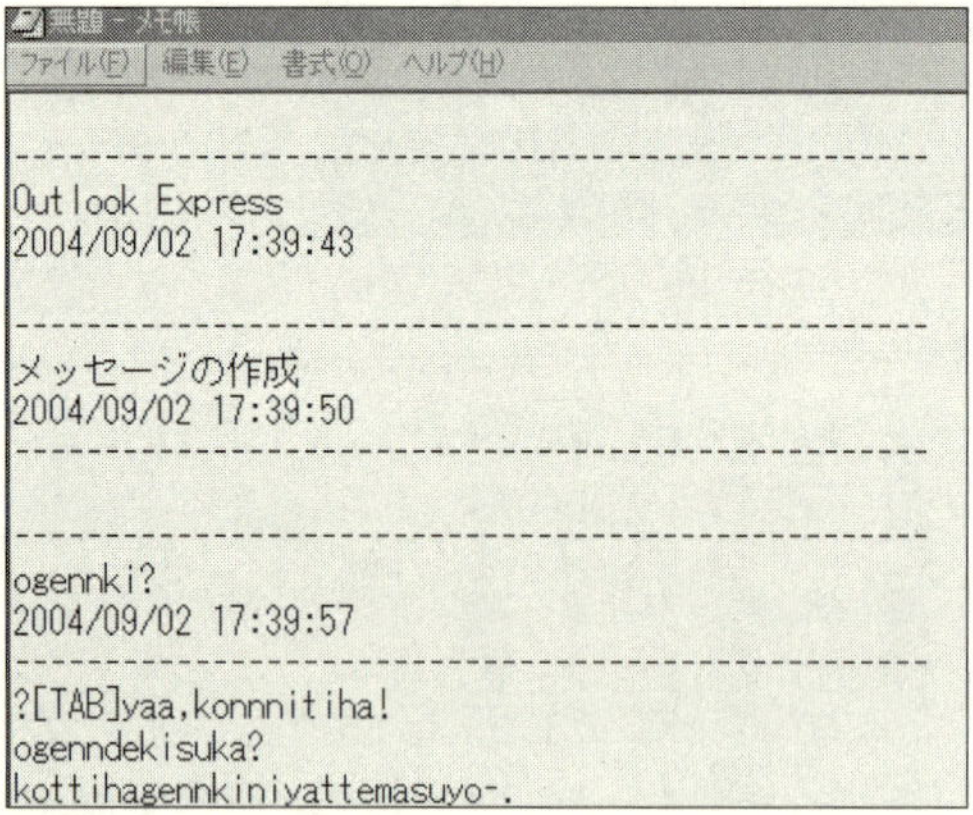

■預金引き出し事件で有名になった「キーロガー」。起動したソフト名、操作、入力内容がすべて筒抜けになる

4. ネットストーカーの餌食《えじき》にならないための防御策

ネットストーカー対策の方針

ネットストーカー対策の方針は、従来のストーカーに対する方針とは少しだけスタンスが変わってきます。これは「ＩＴ知識を使うかどうか」という違いだけではありません。

もう一度、178頁を参照して、「従来のストーカーとネットストーカーの違い」を簡単におさらいしてください。

これらから言えることは、「被害に遭ってからでは遅い」ということ。つまり、**事前の防御がもっとも大切**ということです。従来のストーカーに対する基本方針は「証拠を取得してから警察へ届ける」という事後の対策がメインでしたから、この点でネットストーカー対策は大きく違うと言えます。

それでは、どうやってネットストーカーという「見えない強敵」から身を守るのか。ソフト面・ハード面・日頃の心がけ、という三つのポイントから防御する方法を詳しく紹介していきます。

ソフト面からの防御策

まずは、ソフトウェアを導入してネットストーカーの攻撃から手軽に身を守る方法です。こちらは防御に役立つソフトですから、ソフトの名称や入手先も紹介しておきます。すぐにでも使えて、しかも無料というソフトばかりを集めてみました。「ウイルス対策ソフトくらいは知ってるけど、お金がかかるし購入するのも面倒だし……」と悩んでいた人には耳寄りな情報です。

（※Windows専用、バージョン・参照URLなどは全て執筆時の情報、使用は自己責任で）

・ぜひ使いたい！　必須ツール3種

①ウイルス対策ソフト

『AVG6．0 Free Edition』

ネットストーカー対策に加えて、インターネットセキュリティ全般でもっとも大切なのは「ウイルスからの防御」。使っているパソコンがWindowsなら嬉しいことに数千円する市販のウイルス対策ソフトにも負けない機能・性能のソフト『AVG6．0 Free Edition』があります。本来は英語のソフトですが、メニューを日本語化してくれるファイルも配られています。

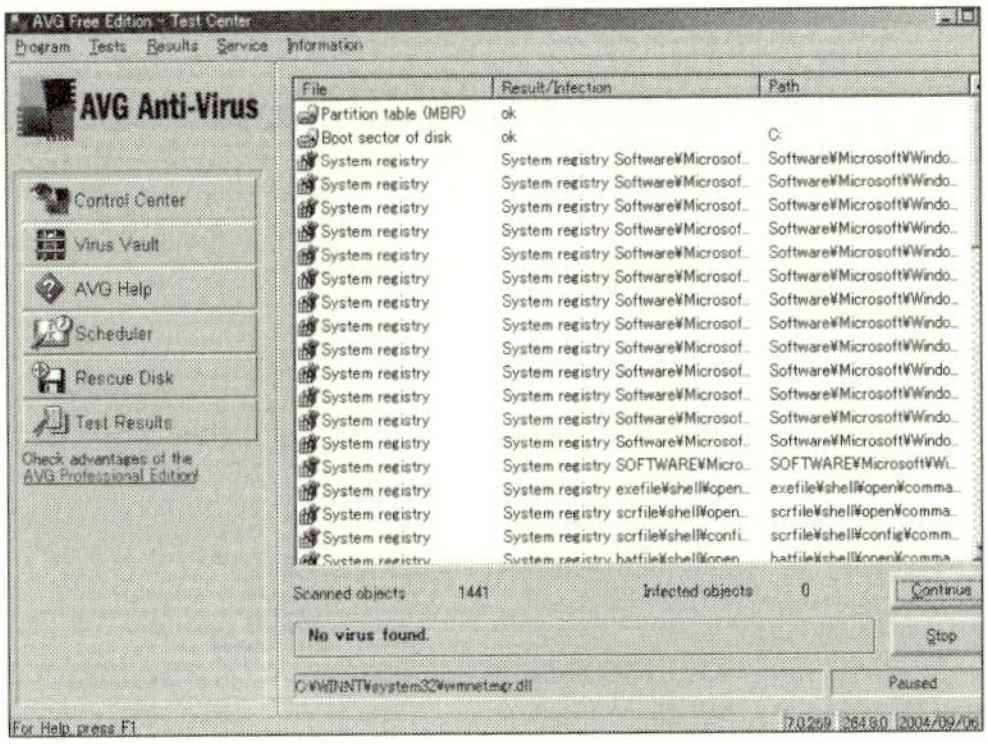

『AVG 6.0 Free Edition』の使用画面

配布サイト：
http://www.grisoft.com/（公式サイト）
http://blue.ribbon.to/~stajan/（日本語化ファイル配布）

②ファイアウォールソフト

『Outpost Firewall Free』

知識のあるネットストーカーがよく使う不正侵入（ハッキング）を防止するソフト。稼働させておくだけで、外部からの不正なアクセスを自動シャットアウトしてくれます。ここで紹介する『Ｏｕｔｐｏｓｔ Ｆｉｒｅｗａｌｌ Ｆｒｅｅ』は海外製の無料ソフトながら、日本語にも対応していますから使い始めるのは意外に簡単。Ｗｉｎｄｏｗｓ ＸＰに最初から入っている簡易ファイアウォール機能よりも防御は強力で、先に紹介した「ウイルス対策ソフト」、そして次に紹介する「スパイウェア除去ソフト」と組み合わせれば、インターネット経由で個人情報が漏れる危険をほとんどなくすことができます。

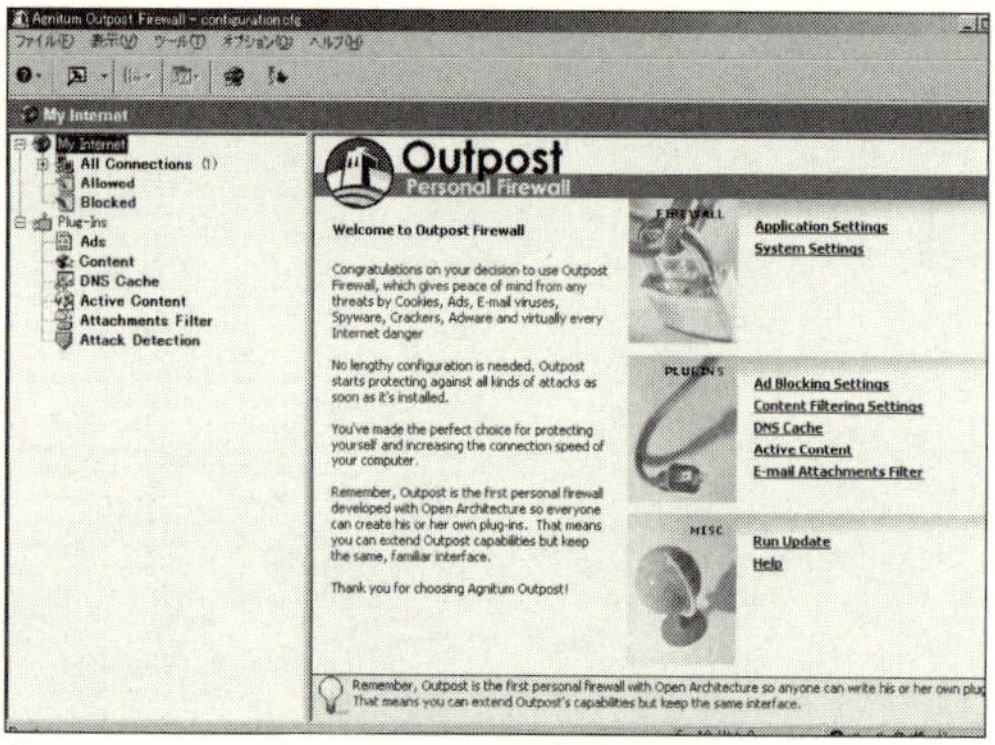

『Outpost Firewall Free』の使用画面

配布サイト：
http://www.agnitum.com/（公式サイト）

③スパイウェア除去ソフト
『Ｓｐｙｂｏｔ』『Ａｄ‐Ａｗａｒｅ』

あまりセキュリティに詳しくない人でもウイルスは知っているかもしれませんが、「スパイウェア」はあまり知られていません。これは個人情報を外部に流すという点でウイルスに似ていますが、普通のウイルス対策ソフトでは検出することも除去することもできません。これに対抗してくれる無料ソフトは『Ｓｐｙｂｏｔ』と『Ａｄ‐Ａｗａｒｅ』の二つがお勧め。どちらも英語版のソフトなので少し苦労はするかもしれませんが、誰かがこっそり仕掛けた「キーロガー」などを探し当てたければ使ってみましょう。

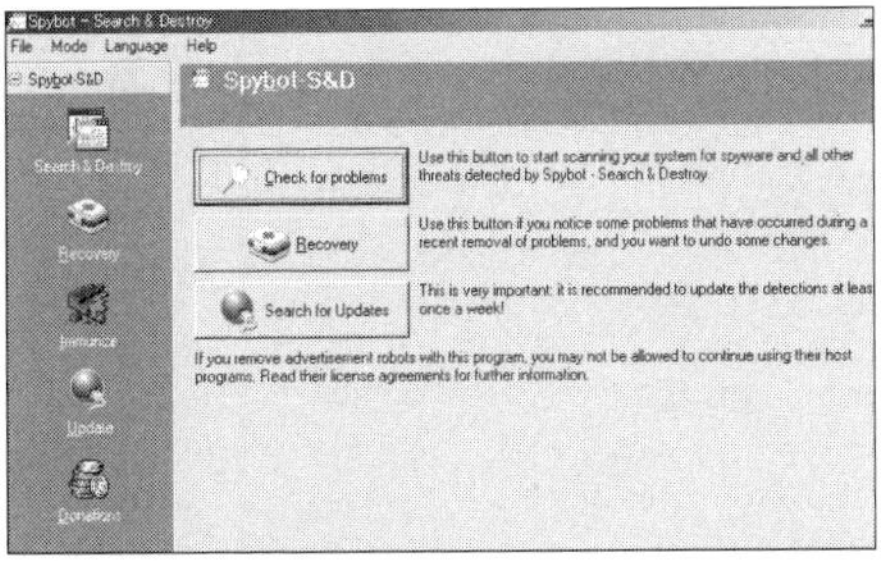

『Spybot』の使用画面

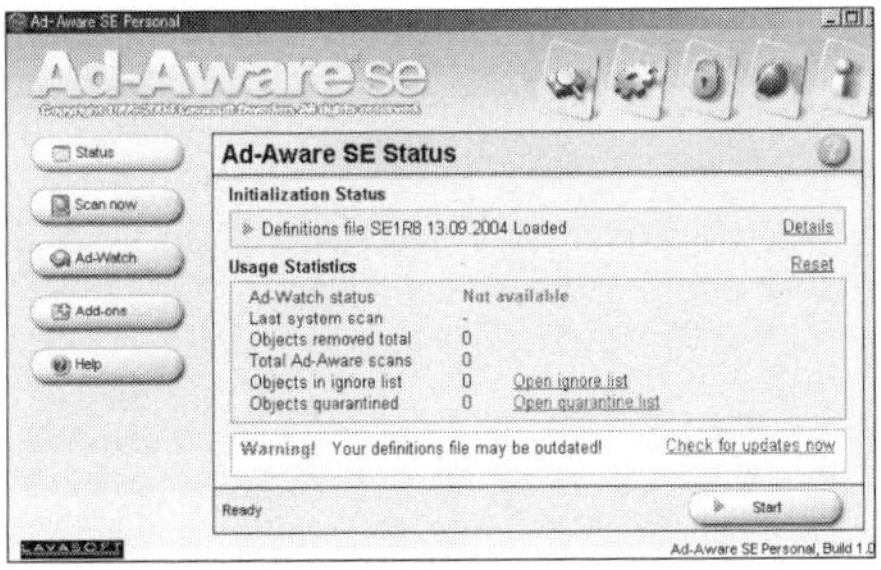

『Ad-Aware』の使用画面
配布サイト：
http://www.safer-networking.org/
（『Spybot』公式サイト）
http://www.lavasoft.nu/（『Ad-Aware』公式サイト）

・これも便利！　お役立ちツール5種

①大事なデータは暗号化して持ち歩く『アタッシェケース』

最近は携帯型メモリーも安くなり、仕事に使うデータなどを自宅と職場で持ち歩いているキャリアウーマンの方も多いと思います。しかし、もしメモリーを落としたり盗まれたりした場合、そこに入っていた個人情報や業務上の重要書類まで危険にさらされます。そこでお勧めしたいのが暗号化ソフト『アタッシェケース』。見た目や操作性はシンプルですが、暗号化方式は強力。これで大事なファイルにパスワードをかけて持ち歩けば、情報漏れの被害を予防することができます。ただし、パスワードを忘れると自分でも読めなくなるので注意しましょう！

『アタッシェケース』の使用画面

配布サイト：
http://homepage2.nifty.com/hibara/software/
（作者サイト）

②データを復元できないよう完全に削除する『完全削除（CompleteDelete）』

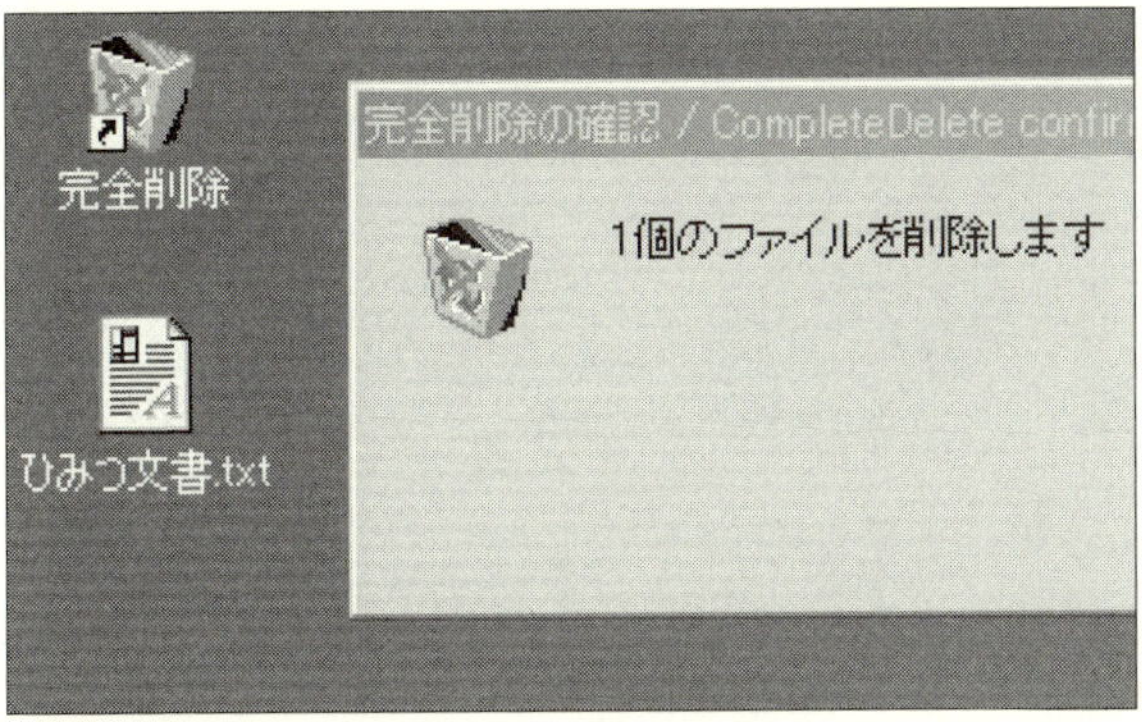

『完全削除　CompleteDelete』の使用画面

配布サイト：
http://inoue-h.connect.to/（作者サイト）

ちゃんと「ゴミ箱」から削除したはずのファイルを元どおりに復活させてしまうなど、ネットストーカーには初歩的なテクニック。初期化して他人へ譲り渡したパソコンから、個人データがゴッソリ抜かれてしまうという目に遭わないよう、この『完全削除（CompleteDelete）』で予防しておきましょう。削除ファイルの痕跡すらなくし、データ復元をできなくするためのソフトです。

③自分にだけ分かりやすいパスワードを生成する『56wz（ゴロワーズ）』

いくらパスワードは複雑な方が安全とはいえ、考えるのが面倒だし記憶するのも大変。かといって誕生日、住所、電話番号など簡単なのは推測されやすいので駄目。そんな人は『56wz（ゴロワーズ）』がお勧め。指定した言葉を語呂合わせにして英数字のパスワードに変換してくれます。たとえば「ゴロアワセ」なら「56aws」といったふうに、一見するとランダムに思えるけど本人には分かりやすい語呂合わせが作れます。

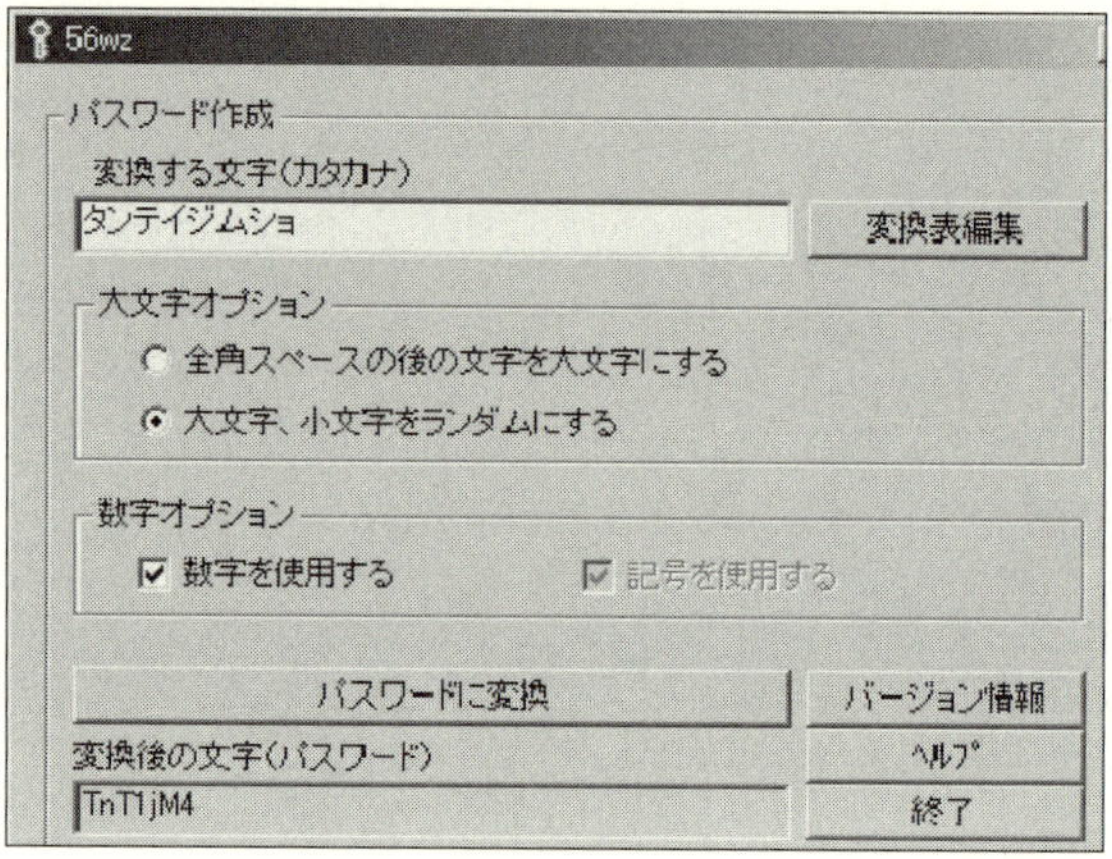

『56wz』の使用画面

配布サイト：
http://ta2027.plala.jp/（作者サイト）

④自分のＰＣを勝手に触らせない『鍵言葉』

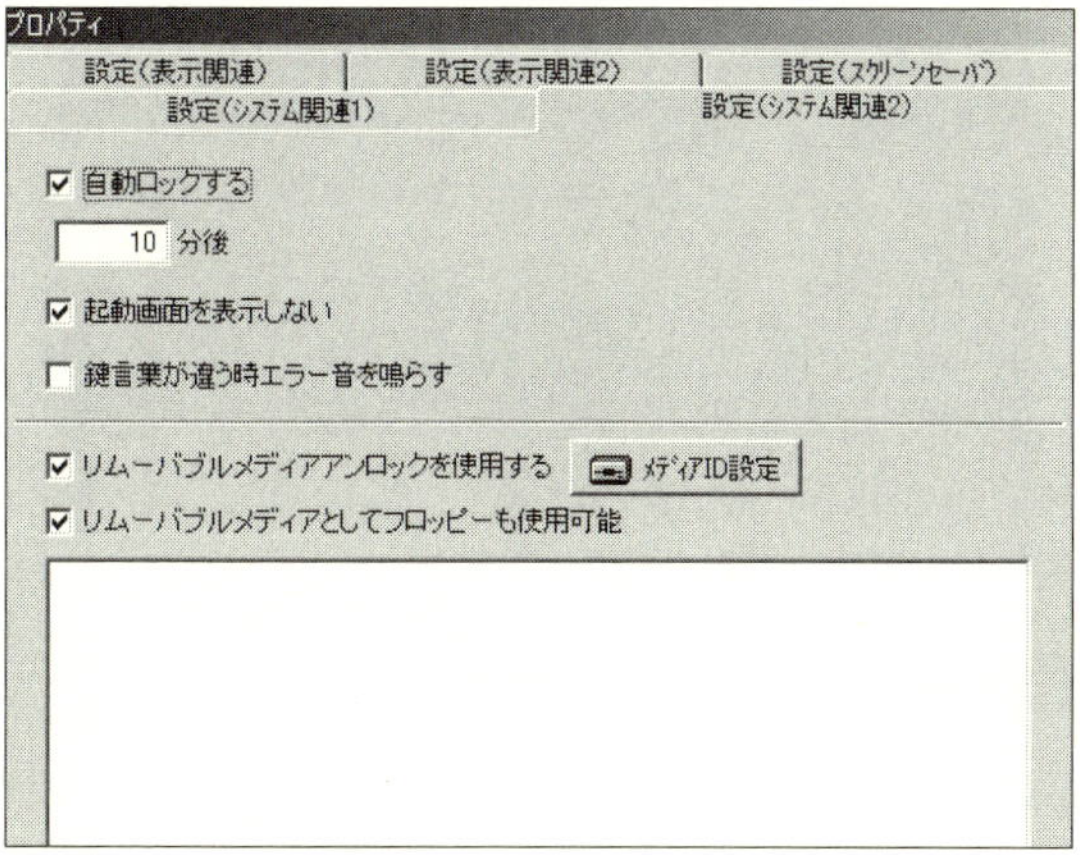

『鍵言葉』の使用画面

配布サイト：
http://www.5f.biglobe.ne.jp/~ikemura/lib.html（作者サイト）

ネットストーカーの正体が実は会社の同僚だったというような場合、ちょっと席を離れたスキにパソコンを操作され、勝手にデータを抜かれたり妙なソフトを入れられたりという心配があります。この『鍵言葉』は決めておいたパスワードを入力しないと他人が触れなくなりますから、ちょっと席を外すときなどに起動しておくと安心。さらにユニークな機能として、パスワードの代わりにＣＤ・ＵＳＢメモリ・フロッピーなどのメディア（記録媒体）そのものを使えます。つまり、世界に一枚しかないＣＤが鍵になるということ。市販ソフトに似たような機能を持つものはありますが、無料ソフトでこの機能を備えているとはありがたいことです。

⑤共有フォルダを監視して不審者をシャットアウト『FAccLog For Windows』

もし同じ職場にネットストーカーがいたら、社内ネットワーク（LAN）を通じてコッソリパソコンから情報を抜き取られる危険もあります。そんな心配があるときは『FAccLog For Windows』をお勧めします。これを起動しておけば、いつ、誰が、自分のパソコンにあるどんなファイルを見たか一目瞭然。しっかり証拠を取ってくれます。職場のパソコンに仕事以外のプライベートな情報を入れている人なら、特に利用価値が高いと思います。

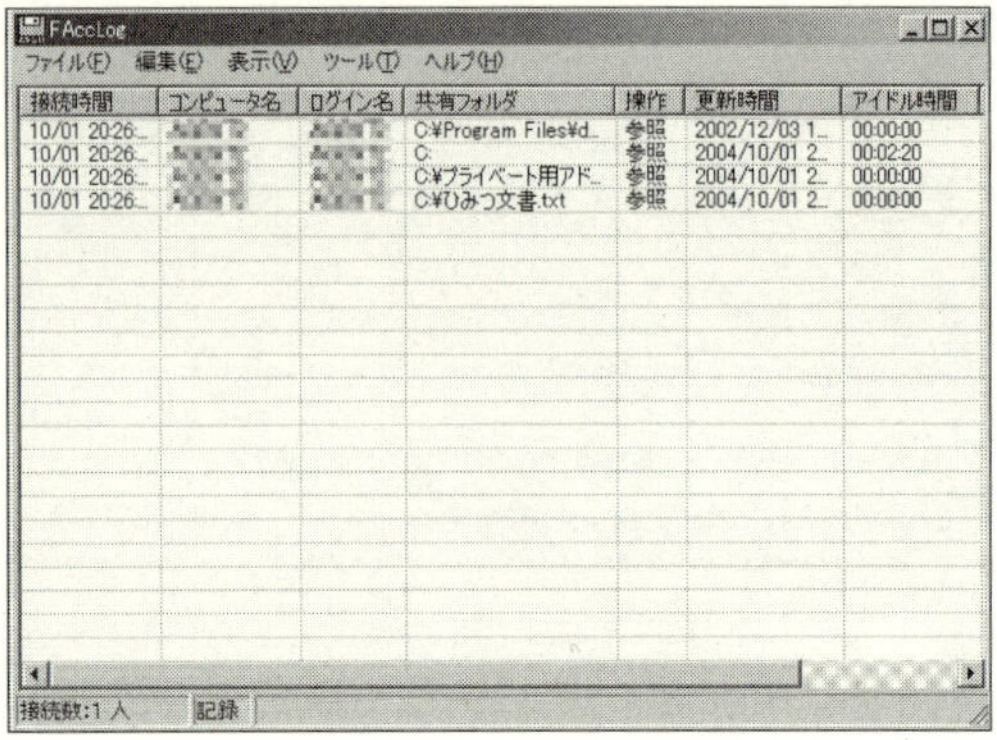

『FAccLog For Windows』の使用画面

配布サイト：
http://www2s.biglobe.ne.jp/˜masa-nak/（作者サイト）

ハード面からの防御策

ここで紹介するのは、ハードウェア（機器）を使ってネットストーカーから防御するための方法。さすがに機器を使うため「無料」とはいきませんが、それほど高額ではないものを集めてみました。

①ルーターを使って外部からの攻撃をブロック

「ルーター」とは本来、セキュリティ強化のためというよりも、複数台のパソコンをまとめてネットワークに接続するための機器。「そんなの知らないわ」という人でも、知らない間に職場などで導入されていたり、最初からモデムに内蔵されたりしていることも少なくありません。このルーターという機器は、設置しておくだけで外部のネットストーカー（ハッカーも含む）から防御してくれます。

とはいえ、ルーターが防御してくれるのは外部（インターネット）からの攻撃だけなので、「内部にネットストーカーがいた場合は防御できない」という弱点もあります。したがって、ルーターは単体で使うより、別項で紹介したネットストーカー対策ソフトと併用することによって最大限の威力を発揮するといえます。

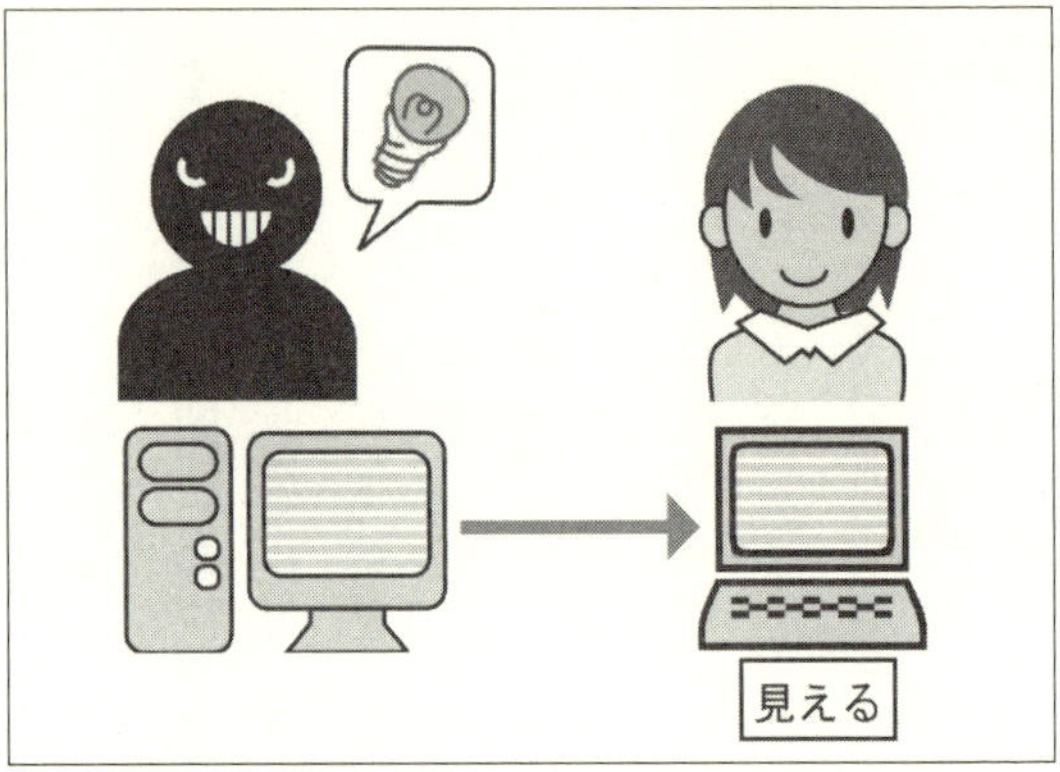

ルーターのないとき
■外部のネットストーカーから自分のパソコンが丸見え

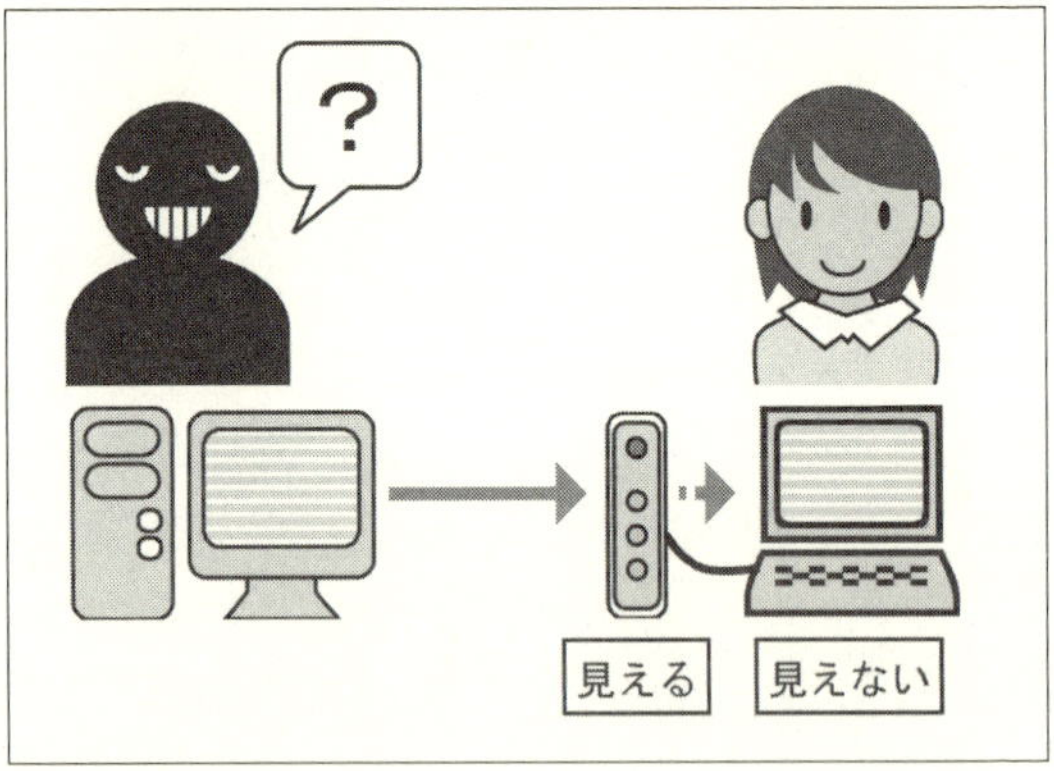

ルーターがあるとき
■外部のネットストーカーには、ルーターまでしか見えない

②「首輪」を付けて盗難防止

セキュリティソフトで防御を固めても強化しにくいのが、「パソコンごと持ち去ってしまう」というダイレクトな行為から個人情報を守る方法。盗難保険に入っていれば同じ機種のパソコンは帰ってくるかもしれませんが、失われたデータまで戻ってくるわけではありません。「まさ

かネットストーカーが盗難まではしないわよ」と思うなかれ。最初はネットオークションに出そうと女性からノートパソコンを盗んだものの、中に入っている個人情報を見てネットストーカーを始めたという例もあります。

物理的な盗難から個人情報を守るグッズはいろいろと売られています。たとえば無線でパソコンをロックする『Ｗｉｒｅｌｅｓｓ　ＰＣ　Ｌｏｃｋ』。これは使用者（持ち主）とパソコンに送信機・受信機を付け、その距離が二メートル以上離れると自動的にロックがかかるという製品。数千円くらい払えばインターネットショップで購入できます。さらにスパイ映画さながらの「指紋認証」でロック解除する製品が、ソニーの『ＰＯＣＫＥＴ　ＢＩＴ』シリーズ。指紋認証の付いたタイプでも一万円台前半と、なかなかお手頃価格です。

日頃の心がけで防御する、六つの心得

どんなにソフトウェア、ハードウェアで完全防御しても、やはり最後に重要なのは「それらを使いこなす人のセキュリティ意識」。海外のハイテク企業から機密データが外部へ流出したニュースでも、原因は高度なハッカーではなく普通の従業員によるうっかりミスだったという話がありますし、日本のお役人様もよく納税者データや捜査資料が入ったノートパソコンを紛失してニュースで報じられています。というわけで、ここでは今までの復習も兼ねてネットスト

ーカーからの被害をなくす心得を紹介。どれも当たり前の心得に思えますが、きちんと実行できる人はどれだけいるでしょうか？

①自分が被害者になっていないか定期的にチェック

従来のストーカーとは違い、「自分が被害を受けている」とすら気づきにくいのがネットストーカー。Ｇｏｏｇｌｅなどの広範囲をカバーした**検索サイトで自分の名前や住所といった個人情報を打ち込み、ネットストーカーによって勝手に個人情報が流されていないかチェック**しましょう。知恵のまわるネットストーカーは検索を避けるため「東★都中★区築地一丁目」など伏せ字を利用していることもあるため、あれこれと検索単語を変えながらチェックするのがコツです。

②必要ないときはインターネット接続しない

それなりにセキュリティ知識がある人でも、いつもネット接続したままの習慣はよくありません。「せっかく常時接続なんだからつながなきゃ損だわ」とは考えず、**こまめに回線は切断しましょう。**切断している間は外部からの攻撃を一切受けないというだけではなく、再接続するときにうまくＩＰアドレス（ネットワーク上の住所）が変わればネットストーカーの標的にされにくくなるという利点もあります。

③セキュリティソフトは最新状態をキープする

ネットストーカーの手口は進歩しますし、ウイルスも毎日のように種類を増やしています。そのため、セキュリティソフトで紹介した防御ソフトを入れただけでは安心せず、**定期的にバージョンアップを心がけましょう。**ソフトだけではなくパソコンの基本システム（ＯＳ）にも頻繁に欠陥が見つかっていますから、その修正も必要。Ｗｉｎｄｏｗｓを使っている人は「Ｗｉｎｄｏｗｓ　Ｕｐｄａｔｅ」を選択すれば、けっこう簡単にＯＳを更新できます。

④身近にいる犯人に注意する

ネットストーカーといえば「インターネット回線の向こう側にいる」イメージがありますが、捕まえてみれば顔見知りが犯人だったという例は決して少なくありません。必要以上に自分のプライベート用パソコンを他人に触らせない、**個人情報データを持ち歩くときは暗号化する、職場で少し席を離れるときもパスワードロックしておく**など、身近なところにも細心の注意を払いましょう。

⑤企業や公的機関の名前を信用しない

いくらセキュリティを固めても自分から情報を漏らしてしまうとどうしようもありません。特に、相手が信頼できそうな機関を名乗っているときほど用心が必要。冷静に考えたら、**クレジット番号やパスワードなどを簡単にメールで質問してくるという時点でおかしな話**です。また、必要以上の個人情報を入力させる**「懸賞サイト」にも要注意。**最初から景品などなく、入力した個人情報がそのまま名簿屋に流されてしまう危険もあります。

⑥「個人情報の価値」を自覚する

結局、ネットストーカーに限らずセキュリティ意識が甘いというのは、自分の個人情報がどれほどの価値を持っているか自覚していない証拠といえます。**「別にホームページに写真を載せるくらい大丈夫じゃないの」「自宅の最寄駅くらい教えたって誰も尾行なんてしないわよ」といった考えは持たない方が賢明。**探偵をやっていればよく分かることですが、依頼者の九九％以上は、有名人でも何でもない一般の人なのですから……。

第四章
探偵社の上手な利用方法

「夫の浮気が発覚！」

「ストーカー被害が止まらない！」

平穏なはずの日常にいきなり降りかかった、そんなトラブル。

探偵に相談したいけど、一体どうすればいいの？

探偵って怖い人たちじゃないの？

探偵なんてどこに頼んでも同じじゃないの？

どうやって連絡するの？

料金は何百万円もするの？

……普段はなかなか探偵に接する機会がないため、ぼんやりしたイメージしかないまま依頼する人も多いのではないでしょうか。ここでは、探偵ができる調査の内容、調査の流れ、料金の詳細、悪徳探偵社の見分け方などを紹介します。ぜひとも探偵についての正確な知識を持って、「損をしない依頼」に結びつけてください。

1. 探偵社の調査内容と依頼手順、料金

探偵社の主要業務は、大きく三つ。**まずもっとも数が多いのは「浮気・素行調査」**。夫が浮気している証拠を撮影したい、一人で下宿している娘が悪い男に引っかかっていないか心配、といったときに依頼されます。尾行や張り込みがメインになり、探偵の一般的イメージに近いといえます。

次に多いのは「行方・人探し調査」。これは恩師や初恋の人を探したい、家出した娘の居所を知りたい、といったときの調査。テレビや小説のせいか、探偵が手帳や写真を片手に通行人へ聞き込みしていくようなイメージがありますが、実際はそれぞれの探偵社が独自の情報ルートを持っている場合が多く、驚くほど簡単に行方が分かることも少なくありません。

三番目は「盗聴盗撮発見」。これは文字どおり、自宅や会社に仕掛けられた盗聴器・盗撮カメラを発見し、場合によっては撤去するという調査。トランシーバー型（ハンディ型）の受信機に枝分かれした長いアンテナを接続して調査する場面がよくテレビ番組で流れていますが、実はあれだけでは調査として不完全。本当に調査ができる探偵社ならドッシリした大型の広帯域受信機をハンディ型の受信機と使い分け、さらに高度になるとスペクトラム・アナライザーを導入しているところもあります。

ハンディレシーバー（上）、広帯域受信機（下）
写真提供：アイコム㈱

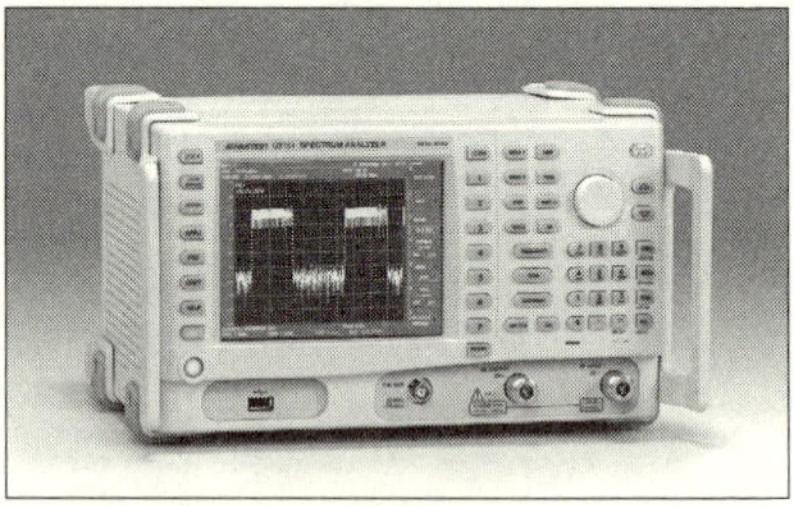

スペクトラム・アナライザー
写真提供：㈱アドバンテスト

※セキュリティ上の理由により、当社が実際に調査で使用している機材とは別機種の写真を掲載しています。

この三つが探偵社のおもな調査項目となりますが、他にも「結婚調査」「雇用調査」「企業スパイ対策」、そして本書テーマのひとつである「ストーカー対策」も重要な業務。さらには「指紋・ＤＮＡ鑑定」や「刑事事件の犯人探し」が探偵社に持ち込まれることもあります。変わったところでは「迷子のペット捜し」「携帯電話の良番を依頼者に代わって入手する」など、実にさまざまな依頼内容があります。

■調査依頼内容

- 浮気調査
- 盗聴盗撮発見
- 不動産調査
- 人事調査
- 近隣トラブル
- 目撃者捜し
- 素行調査
- 個人信用調査
- ボディガード
- 諜報対策
- DV対策
- ヘッドハンティング
- 行方調査
- 結婚調査
- 番号調査
- 市場調査
- 犯罪捜査
- 出会いサポート
- ストーカー対策
- 取引先調査
- インタビュー調査
- 特許係争トラブル
- 指紋・DNA鑑定
- 防犯機器販売・設置

※この他にも、たくさんの依頼を探偵は処理している。

調査依頼から調査終了までの流れ

探偵がいろいろな調査をしていると分かったところで、今度は探偵社に調査を依頼するときから調査終了までの流れを紹介します。探偵社によって細かい違いはあるかもしれませんが、どんな調査でも基本的な流れは共通しています。

■調査依頼から調査終了までの流れ

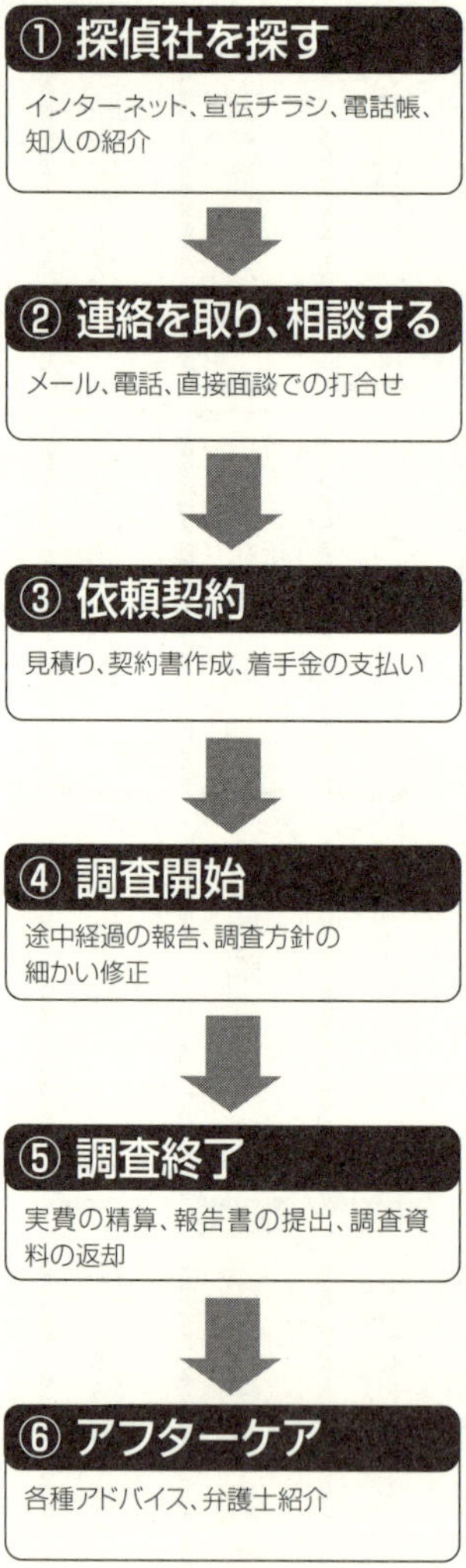

悪徳探偵社ほど右記の手順を守らない傾向にあるようで、相談しただけで勝手に契約扱いしたり、契約書も作らないうちから一方的に調査を開始してしまったり、といったトラブルがあ

ります。**早い段階から、その探偵社の相談員に「どんな手順で調査を進めていきますか?」としっかり確認しておく**のがトラブル回避のコツです。
（悪徳探偵社の見分け方は、226頁を参照）

気になる料金の相場は?

調査料金は、その探偵社の方針によって、または依頼内容によって大きく違ってきます。高すぎるところは膨大な宣伝広告費の負担を依頼者に押しつけていたり、安すぎるところは最初から調査をせずにウソの報告をしたり、なかなか「料金の高い・安い」だけで判断がしにくい面もあります。

ここに掲載するのは、おもに浮気調査、ストーカー対策に関係する調査の料金相場。インターネット上などで料金を公開している探偵社の中から、比較的トラブルの少なそうな探偵社（悪い情報は業界内ですぐ広まります）の料金をピックアップし、およその料金相場を出してみました。なお、料金を公開していない探偵社の場合は、この相場よりもかなり料金が高くなる傾向があるようです。

あくまで「目安」としての数字ですが、この料金よりも極端に高すぎる・安すぎる場合は少し注意をした方がいいかもしれません。簡単にだまされないよう、**複数の探偵社に見積りを出してもらうのもお勧め**です。

浮気・素行調査の相場

目　　的：尾行や張り込みで浮気（不貞行為）の証拠を取得する。

単　　位：調査員2名、自動車1台を使い、6時間の尾行調査を5日間おこなう合計30時間の調査。

料金相場：30万〜60万円

備　　考：機材料金・報告書費用も込みとする。ストーカー証拠を撮影する調査も、ほぼ相場は同じ。

素性調査の相場

目　　的：浮気相手やストーカー犯人の車両ナンバー・電話番号といった情報から、その人物の詳細なプロフィールを割り出す。

単　　位：各種データからの情報取得、聞き込み。

料金相場：2万〜40万円

備　　考：どの情報を使うか、依頼者がどこまで知りたいかによって料金は大きく変動する。

所在調査の相場

目　　的：離婚調停を開始するため、転居によって住所が分からなくなった夫の所在を突き止める。

単　　位：各種データからの情報取得、聞き込み。

料金相場：4万〜100万円

備　　考：基本的には「素性調査」と同じ方法を使うが、相手が意図的に姿を消した場合は料金が高額になることもある。たとえ夫からの依頼であっても、妻が夫の暴力に耐えかねて身を隠したケースなどは、基本的に捜索依頼を受けない探偵社が多い。

盗聴盗撮発見の相場

目　　的：自宅やオフィスに仕掛けられた盗聴器・盗撮カメラを発見、撤去する。

単　　位：広帯域受信機や各種アナライザーを使った1時間～2時間くらいの調査。

料金相場：3万～12万円

備　　考：発見報酬や撤去費用など追加料金が必要な探偵社もある。

監視カメラ、防犯機器設置の相場

目　　的：ストーカー監視のため、小型カメラなどを設置する。

単　　位：超小型のカラー暗視レンズを依頼者自宅の玄関先に設置。タイムラプスビデオ（長時間録画装置）と接続し、常時監視できる環境を整える。

料金相場：20万～80万円（機材料金込み）

備　　考：専門機材を使う分、元手がかかるため料金総額は高くなる。機材選択や設置などの知識・技術力は探偵社によって天地ほどの格差がある。

相談・コンサルティングの相場

目　　的：浮気やストーカー被害に悩む依頼者へ適切なアドバイスをする。

単　　位：証拠取得や防犯のアドバイス、コンサルティング。

料金相場：無料～30万円

備　　考：単なる相談やアドバイスで済む場合は無料が多く、凶暴なストーカーから身を隠す場合など実行を伴うケースでは料金が発生することもある。なお、弁護士に法律相談した場合は30分あたり5,000～10,000円前後が相場。

調査料金で注意する点

だいたいの料金相場が分かったからといって、「あの探偵社は他の探偵社より見積り額が安いから依頼しよう」と即決するのは残念ながらトラブルの元。

電器店でテレビを買うとき、値札に書いてある金額が支払い料金と同じなのは当然のこと。しかし探偵業界には**「提示された料金イコール最終的に支払う金額とは限らない」という特殊な事情**があります。

まずは探偵の調査料金が四つの部分からできているのを理解してください。

■調査料金システムの考え方

A	基本料金	調査料金の中心となる部分。調査が成功しても失敗しても一定額。「着手金」とも呼ばれる。
B	成功報酬	調査が成功した場合だけ発生する料金。調査内容によっては成功報酬があったりなかったりする。
C	個別費用	機材料金、フィルム代、報告書作成費用、車両代、バイク代、特殊技術料など。たいていは「一日あたり○円」と定額になっている。基本料金が安くても、この部分が高いと総額も高騰する。
D	実　費	尾行中に支払った電車賃やガソリン代、または施設利用料（遊園地や映画館まで尾行した場合）など。いわゆる必要経費。

※この四つを合計すると、依頼者が支払う「本当の総額」になる。

先ほど書いた、探偵業界の「特殊な事情」というのは、まさにこの点。

たとえば良心的な探偵社は、A+B+Cの総額を「料金」として最初に提示します。

その一方、悪徳な探偵社は、Aのみを「料金」として提示し、B+C+Dをあとから多額に請求するような手口をよく使います。

いかにも詐欺のような手口ですが、これは料金表示のガイドラインが存在しない探偵業界にはかなり多い被害。次節から、しっかり「悪徳探偵社にだまされないノウハウ」を学んでいきましょう。

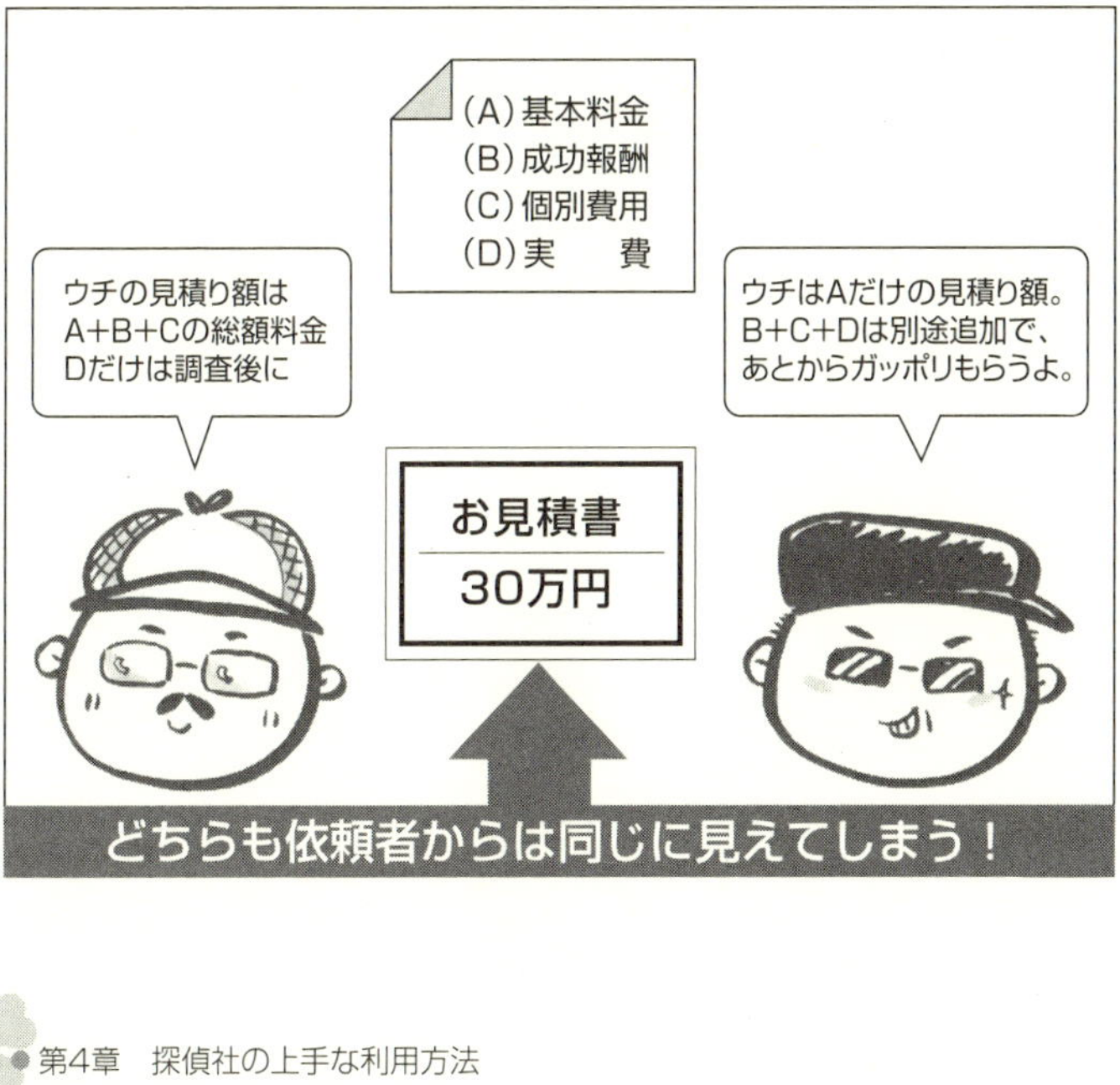

(A) 基本料金
(B) 成功報酬
(C) 個別費用
(D) 実　　費
ウチの見積り額は A+B+Cの総額料金 Dだけは調査後に
ウチはAだけの見積り額。 B+C+Dは別途追加で、 あとからガッポリもらうよ。
お見積書
30万円
どちらも依頼者からは同じに見えてしまう！

※どちらの探偵社も同じ見積り金額だけど……？

2. 悪徳探偵社の見分け方

悪徳探偵社は共通のサインを出している

ここで紹介するのは、数多くの依頼トラブル相談を受けてきた経験で得られた、いわば「探偵社の見分け方　決定版」とでもいえるノウハウです。探偵社が書いた「探偵の選び方」は、とかく自社の優位ばかり強調するものが目立ちますが、そういった宣伝要素をなくし、すぐにでも依頼するときに役立つよう客観的な判断基準を心がけています。

当社がお勧めするのは、相談前・相談中・契約直前の三段階でチェックポイントを設ける方法。これだと、少しばかり巧妙な悪徳探偵社もどこかの段階でチェックに引っかかる可能性が高くなり、契約書に署名をして依頼確定する前に、失敗を防ぐことができます。

悪徳探偵社は、どんな共通のサインを出しているか、ご覧ください。

■悪徳探偵社を見分ける三段階チェック

①相談前

「宣伝内容から見分ける」

探偵社といっさい連絡を取ることなく、公開されている宣伝内容から見分ける

↓

②相談中

「依頼者への対応から見分ける」

実際に探偵社の相談員と会い、その言動から見分ける

↓

③契約直前

「契約内容から見分ける」

ひととおりの説明を受け、探偵社が提示した契約内容から見分ける

※悪徳業者を三つの段階でチェックして、失敗を防ぐ。

①宣伝内容から見分ける

ここでは、ホームページや電話帳などの宣伝広告から探偵社を見分ける方法を紹介。ポイントは以下の六つです。

■宣伝内容のチェックポイント

- □ 責任の所在が不明
- □ 多すぎる全国支社
- □ 会社規模の虚偽申告
- □ 架空の団体や協会を作る
- □ 不自然な低料金
- □ 大げさな成功率

・責任の所在が不明

探偵社のホームページを見ていると、**事務所の所在地、代表者氏名といった「責任の所在」を書いていない**探偵社が意外と多いことに気づきます。探偵という少し特殊な業界とはいえ、お客さま相手のサービス業には変わりありませんから、責任の所在を明らかにした方が信頼にも結びつくのは誰が考えても分かること。

それにもかかわらず、そんな当たり前の表記すらしていないということは、何かトラブルを起こしたときに逃げるのではないかと思われても仕方ありません。実際、住所や代表者名の記載がない探偵社による被害ケースは多く見られます。

・多すぎる全国支社

依頼者に安心感を持たせるためでしょうか、「全国三〇〇支社のネットワーク！」という種類の宣伝文を見かけることがあります。ところが、よく見てみると、東京・大阪といった大都市圏以外の支社は電話番号しかない。

これは読者の皆さまも想像しているとおり、**電話回線があるだけの支社（？）**という可能性があります。もっと極端な例になると、支社の所在地へ行ってみたら役場やデパートの住所だったという探偵社もあります。探偵社の調査能力や誠実さというのは見せかけの支社数に関係ありませんから注意しましょう。

・会社規模の虚偽申告

こちらは支社数の水増しと同じく、**社員数や売上高を実際より多く見せる宣伝方法**。「まさか企業が自社ホームページでウソはつかないだろう」という、ごく普通の常識を悪用したやり方です。

なかなか見破りにくいウソですが、その探偵社がそれなりに大規模なら、民間の信用調査会社が提供するデータベースと照合して、あっさりウソだと分かってしまう場合もあります。ビジネス情報サイトで会員登録すれば、誰でも千円〜二千円くらいで知りたい企業の詳細情報を見ることができますから、自分で探偵社の実態を調べたい人は試してみても面白いのではないでしょうか。

・架空の団体や協会を作る

探偵社が独自に「○×△○×調査協会」などと団体を作り、そこの会長に自社が納まってしまう信用水増し方法。なかなか手軽な上、うっかりすると依頼者も信用してしまいがちです。

見分ける目安としては、その**団体・協会名を検索ワードにして検索エンジンの「Google」などで調べてみる**こと。それが架空の団体であれば、何も検索結果が出てこないか、その探偵社だけが検索結果として出てくることになります。

・不自然な低料金

「浮気調査が八百円！」「人探し調査が二千円！」

そんな宣伝文句があれば、少しでも安い探偵社を探している依頼者は喜んでしまうかもしれません。しかし、もちろんこんな料金で調査したのでは、やればやるだけ赤字経営になります。

「安すぎる調査料金」と「あとからの高額な追加請求」はいつもワンセット。世の中、それほどうまい話はないと心得てください。

・大げさな成功率

「決して安くない料金を払うのだから一%でも成功率の高い探偵社にお願いしたい」

そんな依頼者の気持ちはよく分かるのですが、探偵社自らが「成功率一〇〇%!」「どんな調査も絶対に失敗なし!」と宣伝するのは問題があるのではないでしょうか。

人間相手の調査には、いかなる場合でも失敗のリスクが存在するため、一〇〇%だとか九九%という数字には決してなりません。おおよその目安として、探偵社の自称する成功率が九〇%を超えたあたりからが警戒ゾーン。**どんな根拠があって九九%や一〇〇%になるのか、ぜひともインタビュー**して確

かめてみたいものです。

② 依頼者への対応から見分ける

ここでは、探偵社に電話やメールで連絡を取って、実際に相談員と会ったときの見分け方を紹介。ポイントは以下の三つです。

■依頼者への対応のチェックポイント

□ 何も説明責任を果たさない
□ 強引な営業
□ 明らかなウソをつく

・何も説明責任を果たさない

普通に電器店でテレビを買うときは、店員さんを捕まえてあれこれ質問する人は多いと思います。画質は鮮明？　故障は少ない？　どんな機能があるの？　消費電力はどのくらい？　あまり知らないメーカーだけど大丈夫なの？　などなど。

ところが困ったことに、探偵業界ではあまり「お客さまへの詳しい説明」が徹底されていません。そのため「一週間の尾行調査で契約したのに実際は二日間しかやっていなかった」、「追加料金の話を聞いておらず、勝手に時間延長を繰り返された」など探偵側の説明不足によるトラブル例も多く見られます。

「こんな場合には失敗することもありますよ」と追加料金や失敗のリスク面までしっかり教えてくれる探偵社と、「ウチは四十年の信頼と実績があるから大丈夫！」と繰り返すばかりで具体的な説明を何もしてくれない探偵社。この**違いは、報告書のクオリティや追加料金の請求額にあらわれてきます。**

・強引な営業

悪徳探偵社の営業方法として、**もっとも見分けやすいのが「最初は優しいのに、いきなり態度を変える」という特徴。**頼りになりそうな電話応対（またはメール返信）と思ったから探偵社の相談員と会ったのに、「少し依頼するかどうかを考えさせてほしい」と言った途端に態度が一変。「アナタねぇ、今すぐ契約しないでどうするの！」、「人生が狂ってしまうわよ！」、「料金が高いとか安いとかの問題じゃないでしょ！」と、恐喝《きょうかつ》や恫喝《どうかつ》に似た態度で依頼契約を強要してきます。

このようにマニュアル化された営業方針の探偵社は、調査料金も相場よりかなり高め。もちろん脅迫的な言動をされたからといって、依頼しなければいけない義務はありません。できるだけ即日契約は避けて、じっくり考える時間を持つように心がけましょう。

・明らかなウソをつく

「あなたのケースだと、浮気の証拠が取れたら慰謝料五千万円は確実だね」

「ウチは軍の人工衛星から特別に提供を受けた検索システムがあるから絶対に尾行失敗しないよ」

探偵は何かよく分からないけどすごい調査方法を持っているに違いないという先入観を悪用し、こんなウソを平気でつくような探偵社もあります。

もちろん、普通の夫婦で五千万円という慰謝料はありませんし（慰謝料については第一章を参照）、後者の「軍の人工衛星から提供を受けたシステム」というのは単なるカーナビのGPS。今どきは大衆車にも普通に付いていますから、特別でも何でもありません。こういったウソは、同じ探偵からみれば簡単に分かるのですが、なかなか一般の依頼者には見破りにくいという難点があります。

依頼者がこれに対抗するには、その**探偵社から聞いた内容を細かくメモしておき、別の探偵社に本当かどうか質問してみること。**検証するときも一社だけではなく二社以上に質問してみると精度が高まります。

③ 契約内容から見分ける

ここでは、ある程度の説明を受けたあとに決められた契約内容の見分け方を紹介。ポイントは以下の五つです。

■契約内容のチェックポイント

□　無駄の多い調査
□　調査した証拠を見せない
□　曖昧《あいまい》な調査内容
□　契約書類を作らない
□　相談員の話と矛盾した契約書

・無駄の多い調査

人探し調査を、ある探偵社に依頼しようと相談に行った依頼者がいましたが、その探偵社から受けた説明をおかしいと思って当社にも相談してこられました。

・ある探偵社では「難しい調査だから着手金が百五十万円」と言われた
・日本中を調査員が徒歩で探し回り、聞き込みもおこなうらしい
・対象者の過去まで全て確かめなければ発見できないと言われた

しかし、このお客様から話を聞いてみると、簡単なデータ調査だけでも結果が出せるような内容でした。実際、当社では八万円で調査を受けて対象者を発見し、ちゃんと住所地に住んで

いるという裏取りまですることができました。別に当社は調査力があると自慢したいのではなく、それだけ基本的な調査だったということです。

この探偵社が、そんな基本的な調査方法を知らなかったとは通常では考えられません。簡単に調査できる方法を分かっているのに、わざと難しい方法にしたとしか思えない部分があります。

この他にも、普通の徒歩尾行で済むような浮気調査を「車両三台、バイク二台、調査員七名」という見積りにして、相場の五倍以上という超高額の見積りを出した探偵社もありました。労力を惜しんで結果を出せないようでは困りますが、**依頼者の知識不足を利用して、無駄な出費をさせようというのは**、職業倫理を疑われても仕方ないのではないでしょうか。

・調査した証拠を見せない

読者の皆さまは「やらずぼったくり」という言葉を聞いたことがあるでしょうか？　これは悪徳探偵の典型的な手口をあらわした言葉で、調査を「やらず」、多額の料金だけを「ぼったくり」するという意味です。一週間の浮気調査依頼を受けておきながら何も調査せず、最終日になって「浮気の事実はありませんでした」と電話連絡だけで済ませるような手口が代表例。報告書も写真もないため、これでは依頼者にとっては本当に調査してくれたかどうか分かりません。

この手口は料金が高い探偵社、安い探偵社の両方で被害が報告されていることから、どうやら料金の高い・安いにはあまり関係なく、悪徳探偵社が好む手口のようです（ただし高額料金の方が巧妙にウソをついているという傾向はあります）。これを防ぐには、とにかく事前の確認あるのみ。**「何も結果が出なくても報告書や写真は渡してくれますか?」と質問するのは、どんな依頼のときでも守るべき鉄則。**何もなければ報告書は出さないという探偵社の回答は、「調査しないけれど料金だけはもらいますよ」という遠回しな意思表示かもしれません。

・曖昧な調査内容

尾行調査が一週間で百八十万円といって契約させておき、支払いが済んでから「実は、一日四時間の調査を一週間やるという契約だった」と探偵社から知らされた依頼者がいました。これは詐欺と呼ばれても仕方ないような契約内容で、その探偵社を信じて大金を支払った依頼者にとってはたまりません。

たとえば尾行を伴う調査依頼なら、少なくとも次の項目は確認必須です。

・調査員の数は一人？　二人？　それ以上？
・調査料金の内訳はどうなっている？

・調査車両は何台？　バイクで尾行は可能？
・暗い場所でも証拠撮影はできる？　暗視装置はある？
・時間の延長はできる？　延長した場合の追加費用は？
・時間延長の場合は事前に連絡してくれる？
・実費が高くなりそうな場合は事前に連絡してくれる？
・機材料金や車両料金、写真代や報告書作成費用などは別料金？
・調査の進行状況は途中でも教えてくれる？
・調査料金は先払い？　後払い？
・契約書類や領収書は作成してくれる？
・報告書は郵送？　手渡し？　それ以外？
・成功報酬制はある？　着手金と成功報酬の区別は？
・キャンセルは可能？　そのときの返金額は？

これらの点について、きちんと教えてくれないような探偵社であれば、あまり信用することはできません。その探偵社以外にも選択肢はたくさんあるのですから、**納得できる具体的な条件提示をしてくれる探偵社を選ぶよう**にしましょう。

・契約書類を作らない

探偵社に依頼してだまされたという被害相談によく見られるのは、「多くの人が契約書類も作らないまま料金を支払っていた」という共通点です。悪徳探偵社が何よりも恐れるのは、法的手段に訴えられること。証拠があればまず間違いなく裁判に負けますから、当然といえば当然だと思います。

そういう理由もあるため、最初から依頼者をだまそうとしている、またはトラブルの可能性が高いと計算しているような**悪徳探偵社は「契約の証拠を依頼者に渡さない」ようにする傾向が強い**ようです。

探偵の契約書類がどんなものか分からない人も多いと思いますので、ここに簡単なポイントを述べておきます。

契約書類の形式は各社違うと思いますが、一般的に

- 当事者同士（依頼者と探偵社）の住所、名前
- 当事者同士の署名（自筆）および捺印
- 成功報酬の場合は、調査成功となる条件
- 成功報酬支払いのタイミング
- 調査の具体的な内容

・キャンセル時の扱い
・調査の対象となる人物または事象
・契約書に記載がない（想定していない）事態への対応
・契約が成立した年月日
・同じ書類を二通作成し、双方が一通ずつ保管する

という条件を満たすことが望ましいとされます。

もちろん契約書類を作るかどうかの判断は依頼者次第ですが、契約書類が必要ないと思っていても**「契約書類は作ってくれますか？」と聞いてみるのをお勧めします**。その時の反応を見れば、探偵社の意思が分かるかもしれません。

・相談員の話と矛盾した契約書

たとえば、相談員が「絶対に調査は一〇〇％成功しますよ！」と言っているのに、目の前にある契約書には小さく「調査の成功は保証いたしません。失敗時の返金はありません」と書かれているような手口。もし、この契約でトラブルが起きたとしたら、信用されてしまうのは「成功が保証できない」と書かれた契約書の方になるかもしれません。とはいえ、誰だって「探偵」という特殊な業界の人間を初めて目の前にする状況だと、なかなか矛盾点に気づけないとは思います。たいていの矛盾点は**「調査の成功率」「キャンセルに関する規定」「具体的な調査時間」「基本料金以外に発生する追加料金」という四つのポイントに集中**しますから、あらかじめこの点だけに絞って話を聞いていくという方法が有効かもしれません。

おわりに

「お久しぶりです。赤井さんには大変お世話なりました。おかげ様であの男ともきっちり別れることができました。慰謝料もふんだくってやりましたよ。あのときは、この先どうやって生きていこう、いっそ死んじゃいたいって思ってたけど、今考えると馬鹿みたいで……。本当にありがたかったです」

本書の執筆中、掲載許可の承諾をもらうために過去のご依頼者と連絡を取らせていただく過程で、近況や当時の心情を聞くことができました。

正直、過去の嫌な思い出を蒸し返すようで、連絡するときはためらいもありました。しかし実際は、そんな心配をよそにあっけらかんとした話しぶりで、私たちの方が拍子抜けしてしまうことも少なくありませんでした。また、電話がきっかけとなって事務所まで近況報告に来てくださった方もいます。いずれの皆さんにも初めて当社事務所を訪れたときのように悩み、苦しんだ姿はなく、一人の人間として生き抜いていこうというたくましい姿がありました。

過去の状況を整理した原稿をわざわざメールで送ってくださった方もいます。この方は当社に浮気調査を依頼し、証拠取得後に離婚をして、シングルマザーになる道を選んだ女性です。依頼した当時は小さかった息子さんも来年の春からは小学生。まだまだ仕事や子育てに忙しい合間を縫って、当時の思いや明るく精一杯がんばっている現状を綴った長いメールを書いてくださったのは、非常に嬉しく思いました。

浮気をした挙げ句に暴力までふるう夫や、歪んだ愛情を一方的に押しつけるストーカーも許せませんが、それと同じくらい許せない存在が、私たち探偵にはあります。それは、さまざまなトラブルに悩む女性を食い物にする、卑劣な悪徳探偵社です。ちょうどこの原稿執筆中も関西地方で探偵社が一社、依頼者から金銭をだまし取って詐欺罪で逮捕されたというニュースが飛び込んできました。こんな話を聞くと、同業者という以前に人として許せない気持ちになります。そんな不届きな業者たちに対抗できる情報を提供するのが、本書の「裏テーマ」でもあります。そして、本書に収録しきれなかった詳細な知識は『探偵社の選び方マニュアル』(http://www.akai-book.com/)というWebサイトで無料公開しています。興味を持たれた方は、こちらもご覧ください。

本書では浮気調査とストーカー対策に焦点を絞って紹介してきましたが、こうして過去の案件を振り返ってみると「ずいぶんいろいろなことがあったなぁ……」としみじみ思います。事例ケースにはありませんが、一歩間違えればどこか山の中に埋められそうな経験をしたこともありますし、逆上した対象者にひき殺されかけたこともありました。まあ、こんな一般の人には真似できない貴重な(?)経験ができるのも、探偵ならではの贅沢といえるかもしれません。こんな私たち探偵が、仕事を通じて少しでも人のために役立てるのなら、これからも生涯の仕事として探偵道に精進《しょうじん》していきたいと思っています。

なお、しつこいようですが、本書ではご依頼者のプライバシーと身の安全を守るため、事例の多くに脚色をくわえてあります。しかしそれでも、ここに登場してきた被害者の女性たちと同じ境遇に「明日のあなた自身」がならないという保証はどこにもありません。本書が世に出ることによって、浮気やストーカー被害、さらに悪徳探偵の被害で泣き寝入りする女性がひとりでも減らせることを願ってやみません。

最後になりましたが、本書の出版にあたって、ご尽力いただいた竹上晶さん、出版文化社の藤田雅弘さん、調査事例の掲載許可をくださったご依頼者の方々など、たくさんの人たちにご協力いただいたことを感謝いたします。そして何より、この本を手にとってお読みくださった読者の皆さまに「ありがとう」と心から申し上げます。

二〇〇四年三月

株式会社 赤井事務所
代表取締役　継野　勇一

著者プロフィール
株式会社赤井事務所（Ａｋａｉ探偵事務所）
代表　継野勇一（つぎの・ゆういち）
東京・大阪をはじめ各地に調査ネットワークを展開する総合調査会社。ネットストーカーや出会い系トラブルなどITを駆使した調査にはめっぽう強い。また、「成功しなければ諸費用も含め、料金は一切無料！」という100％完全な成功報酬制による調査をホームページ上で公開し、業界の度肝を抜いた。Web上での慰謝料鑑定サービスや、インターネットだけで受講できる探偵スクールの開設など、業界初となる先進的なサービスを現在も次々に打ち出している。悪徳探偵社にだまされないノウハウを凝縮したWebサイト「探偵社の選び方マニュアル」を無料公開（下記URL参照）し、こちらも依頼者から好評。
（社）日本調査業協会加盟員
（社）大阪府調査業協会正会員

Akai探偵事務所：http://www.akai-web.com/
探偵社の選び方マニュアル：http://www.akai-book.com/
慰謝料鑑定：http://www.rikon-web.com/
盗聴・盗撮　発見救助隊：http://www.akai-web.com/tap/

プロの探偵が明かした！
浮気男とストーカーをギャフンといわせる方法

平成17年3月25日　初版発行

著　　者　継野勇一
発 行 所　株式会社出版文化社（ISO14001認証取得：JQA-EM2120）
〒540-0003 大阪市中央区森ノ宮中央1丁目14-2
TEL06-6941-1321(代)　FAX06-6941-1671
E-mail osaka@shuppanbunka.com
〒111-0053 東京都台東区浅草橋1丁目9-16
TEL03-5821-5300(代)　FAX03-5820-9543
E-mail tokyo@shuppanbunka.com
受注センター　TEL03-5821-5300(代)　FAX03-5820-9543
E-mail book@shuppanbunka.com
発 行 人　浅田厚志
印刷・製本　株式会社シナノ

当社の会社概要および出版目録はホームページで公開しております。
また書籍の注文も承っております。→http://www.shuppanbunka.com/
郵便振替番号　00910-1-32891

Produced by Masahiro Fujita

ISBN4-88338-310-5 C0030　定価はカバーに表示してあります。